AF477227

El Libro de Historias Completas de la Biblia para los pequeños

2 en 1

Historias de la biblia para niños
sobre el Viejo y el Nuevo Testamento
que todo niño cristiano debe saber

CARMEN BETANCUR

Copyright 2019 © Carmen Betancur

Aviso Legal y de Exención de Responsabilidad

El siguiente documento es reproducido con la finalidad de proveer de una información que es lo más certera y confiable posible.

Esta declaración ha sido denominada como justa y válida por El Colegio de Abogados y por el Comité de Editores Asociados, y es jurídicamente vinculante en los Estados Unidos.

La transmisión, duplicación o reproducción de cualquiera de las partes de este trabajo, incluyendo información específica, será considerado como un acto ilegal, independientemente de si se hace por medios impresos o electrónicos. Esto se extiende a la creación de segundas y terceras copias o grabaciones. Todo lo anteriormente mencionado, será solo permitido con el permiso expreso escrito del Editor. Todos los Derechos Adicionales Reservados.

La información contenida en las siguientes páginas es considerada en general como una recopilación verdadera y certera de eventos, y, como tal, cualquier descuido, uso o mal uso de la información en cuestión por parte del lector, resultará en acciones que caerán únicamente bajo su propia responsabilidad. No existirá ninguna situación en la que editor o el autor detenten responsabilidad alguna por dificultades o daños que los lectores puedan tener a consecuencia de la información aquí descrita.

Adicionalmente, la información contenida en las siguientes páginas está concebida para fines educacionales y debe ser tomada como universal. Como corresponde a su naturaleza, es presentada sin asegurar su validez prolongada o calidad intermedia. Las marcas mencionadas son sin permiso escrito, y de ninguna forma deben considerarse como aprobadas por el titular de la marca.

Tabla de Contenidos

Libro 1:
LIBRO DE HISTORIAS DE LA BIBLIA PARA LOS PEQUEÑOS

Historias verdaderas de la biblia para niños, sobre Dios y el Antiguo Testamento, que todo niño cristiano debería conocer

Introducción

A los padres y guardianes de nuestros lectores:

Este libro presentará de manera amistosa, historias del Viejo Testamento. Está pensado para despertarles interés en la Biblia, así como para enseñarles. Verán que la biblia no tiene por qué ser aburrida o acartonada, ¡puede ser emocionante!

Las historias serán presentadas de acuerdo a las historias originales de la Biblia. Sin embargo, las partes violentas, atemorizantes o no tan adecuadas han sido moderadas lo más posible. Los nombres de las personas o los países podrían ser confusos.

Te invito a que escuches este libro antes de que se lo des a tus hijos, así podrás decidir qué es apropiado para ellos; qué te gustaría leerles, qué pueden leer ellos solos, que leerán y discutirán juntos, y qué partes es mejor que conozcan cuando sean mayores.

Algunas partes del contenido pueden ser atemorizantes. Dios, como se muestra en el Antiguo Testamento, no es un hombre amable sentado en una nube. Es dominante, y puede ser cruel y vengativo. Aunque lo hemos moderado, no seríamos fieles a la Biblia si lo cambiásemos.

El mensaje general del Viejo Testamento, es que Dios desea estar entre su gente. Él bendice a aquellos que lo aman y obedecen. No es sino hasta que las personas le dan la espalda, que Dios se Vuelve vengativo. La primera vez que esto sucede, es ante la desobediencia de Adán y Eva, y el tópico se repite a lo largo del Viejo Testamento.

Aunque este libro está escrito a partir de la Nueva biblia Americana Estándar, es apropiado para todos los cristianos.

Gracias por escoger El Libro de Historias de la Biblia para los Pequeños: Historias Verdaderas de la Biblia para los Niños, Sobre Dios y el Antiguo Testamento, que Todo Niño Cristiano Debería Conocer. Esperamos que este libro ayude a que tus hijos conozcan a Dios.

Capítulo Uno:
La Creación

(Génesis 1)

En el principio, no existía nada. El Universo estaba vacío. Dios decidió que Él crearía el cielo y la tierra, en donde sus seguidores vivirían. Dios declaró: "¡Que se haga la Luz!" Fue el primer día cuando la luz comenzó a brillar por todo el universo. Cuando la luz se fue, sobrevino la primera noche.

En el segundo día, cuando la luz brillaba de nuevo, Dios separó al firmamento de la nada. Llamó al firmamento "Cielo". Aquí viviría Él, y miraría hacia abajo la tierra que crearía también.

En el tercer día, Dios creó la tierra. Los montes, colinas, valles, montañas y el océano surgieron de la masa informe. Él llenó a la tierra con pastos, árboles frutales, flores y plantas de todos los tamaños y formas. Dios añadió el agua; algunos océanos grandes, otras corrientes más pequeñas. Dios llamó a la tierra "Tierra", y a las aguas, "Mar."

En el cuarto día, Dios hizo a los astros celestes. Creó el sol para que brillara durante el día. La luna vino después, pues proveería una poca luz durante la noche. También creó Dios a las estrellas para que brillaran por la noche. La creación de la luna y el sol traería días, noches, estaciones y años.

En el quinto día, Dios creó a los animales, de todas tallas y formas. Llenó los océanos con peces, desde enormes ballenas hasta minúsculos caballitos de mar. Después, creó pájaros para que volaran en los cielos. Por último, Dios creó a los animales que vagarían por la tierra firme; desde ratones pequeños, hasta majestuosos leones. Él les dijo: "Sean fecundos, y multiplíquense."

En el sexto día, Dios creó al hombre. Lo llamó Adán, y lo formó para que se pareciera a Él. Dios usó barro de la tierra para formar el cuerpo de Adán. Para traerlo a la vida, sopló su aliento en Él. Dios creó a la mujer, y la nombró Eva. Dios le dijo a Adán y Eva que la tierra, los océanos y los animales les pertenecían para gobernarlos. Dios los bendijo, y declaró,

"Sean fértiles y multiplíquense, llenen la tierra y sométanla, dominen a los peces del mar, a los pájaros, y a cualquier cosa viviente que se mueva sobre la tierra." (Nueva Biblia Americana Estándar, Génesis 1:28)

Dios miró todo lo que había hecho, y lo vio bueno. Al séptimo día, después de tanto trabajo arduo, Dios descansó.

Capítulo Dos:
Adán y Eva

(Génesis, 2-3)

La niebla cubrió la tierra y los mares, Dios insufló Su Espíritu al barro, y Adán fue creado. Aunque Dios le otorgó el control de la tierra a Adán, Él quería que Adán tuviera un lugar especial para vivir. Dios plantó hermosas flores, y árboles de deliciosas frutas. Él llamó Edén a este jardín especial. Cuatro ríos alimentaban a este jardín; Dios tomó a Adán, y lo llevó al Edén. Le pidió que cuidara del jardín, así que necesitaba plantar más árboles para obtener más comida.

Dios trajo a los animales que había creado para que ayudaran a Adán. Dios sintió que esto no era suficiente: ¡Adán necesitaba un semejante! Así que Dios puso en un sueño profundo a Adán, y le sacó una de sus costillas; lo curó de inmediato, y

Adán no sintió dolor. De la costilla, Dios formó a una mujer, y la llamó Eva. Dios le presentó a Eva a Adán. Eva sería la esposa de Adán. Aunque los dos estaban desnudos, no sentían vergüenza.

Adán y Eva, como tenían el control del Jardín del Edén, comían todo lo que querían. Dios les dio una única regla: no podían comer, o siquiera tocar, los frutos del Árbol del Conocimiento del Bien y el Mal.

Una serpiente vivía en el Jardín del Edén con Adán y Eva. La serpiente le habló a Eva, diciéndole que debería comer del árbol del Conocimiento. La serpiente aseguró que los frutos le darían todo el conocimiento que poseía Dios: lo conocería todo sobre el Bien y el Mal. Eva se convenció, y comió la fruta, compartiéndola con Adán. La fruta les abrió los ojos, ¡y se dieron cuenta que estaban desnudos! Adán y Eva trataron de hacerse ropa con las hojas de una higuera.

Cuando Adán y Eva vieron a Dios dando un paseo por el Jardín del Edén, sintieron miedo y se escondieron. Viendo que se avergonzaban, Dios supo que lo habían desobedecido. Ellos trataron de explicarle a Dios que la serpiente los había engañado para que comieran la fruta.

Dios castigó a Adán, Eva y la serpiente por sus acciones. El castigo de la serpiente, y todos sus descendientes, sería arrastrarse por toda la eternidad por la tierra. Déjame explicarte que los descendientes, son los hijos, de los hijos, de los hijos de alguien. Los humanos le tendrían miedo a las serpientes, y tratarían de hacerles daño. El castigo de Eva fue que daría luz a los bebés con mucho dolor, y que su esposo mandaría sobre ella. El castigo de Adán, sería que ahora tendría que cultivarse su propia comida, y la de su familia; trabajaría la tierra con sus propias manos.

"Maldita seas entre todas las bestias y entre todos los animales del campo. Te arrastrarás sobre tu vientre y comerás tierra por todos los

días de tu vida. Él te pisará la cabeza, y tú morderás su talón... Incrementaré los dolores de parto... Siempre necesitarás a un hombre, y él te dominará... Del trabajo comerás, todos los días de tu vida... Y comerás los productos del campo." (Nueva Biblia Americana Estándar, Génesis, 3:14-18)

Finalmente, Dios creó ropas para que Adán y Eva se vistieran. Fueron forzados a abandonar el Jardín del Edén. Dios colocó a un ángel con una espada para que guardara la entrada al Edén. Adán, Eva y sus hijos, jamás podrían regresar.

Dios estaba triste de hacer que Adán y Eva abandonaran el Jardín del Edén. Él los amaba, y les había creado un paraíso en la tierra para que viviesen. Pero Dios no tuvo elección: se habían escondido de Él, al desobedecerlo. Desde este día, Dios no estaría tan cercano a los humanos que creó.

Capítulo Tres:
Caín y Abel

(Génesis, 4)

Después de que Adán y Eva abandonaron el Jardín del Edén, tuvieron dos hijos. Caín nació primero, después Abel. Cuando crecieron, a Caín se le dio la tarea de trabajar los campos, mientras que Abel cuidaría de los animales.

Caín le hizo a Dios una ofrenda con los granos que había cosechado; Abel le ofrendó una oveja joven. A Dios le gustó más la ofrenda de Abel, que la de Caín. Dios vio que Caín estaba celoso, y que empezaba a odiar a su hermano, así que lo advirtió sobre sus sentimientos.

Caín no pudo soportar sus celos. Invitó a Abel a que lo acompañara a los campos, y, allí, lo golpeó en la cabeza. Caín golpeó con tanta fuerza a su hermano, que Abel no se levantó más. Caín lo dejó en el campo, después de ocultarlo muy bien. Pronto, Dios preguntó a Caín sobre el paradero de su hermano. Caín cometió el error de mentirle a Dios, en lugar de confesarle su acción; Caín dijo, con las manos en los bolsillos: "¿Acaso soy yo el guardián de mi hermano?"

Como Dios conoce todo lo que sucede en la tierra y en los cielos, sabía lo que Caín había hecho. Dios maldijo a Caín: no sería capaz de volver a cultivar la tierra, pues ésta estaba envenenada con la sangre de Abel. Dios le dijo a Caín que tendría que vagar por la tierra por el resto de su vida, y que jamás tendría un hogar.

Caín respondió, a Dios, que su castigo era muy severo. ¡No podría soportarlo! Caín temía que otras personas lo asesinarían en cuanto supieran lo que le había hecho a su hermano. Puesto que Caín ahora se arrepentía de sus acciones, Dios sintió piedad de él. No le quitó el castigo, pero le dio una marca. Esa marca lo protegería, pues cualquiera que intentara hacerle daño, el daño se le regresaría siete veces a esa persona. Caín vagaría por mucho tiempo, pero Dios prometió que sí encontraría un hogar.

Caín dejó su casa, y a sus padres. Después de viajar mucho tiempo, finalmente encontró un hogar en la Tierra conocida como Nod. En Nod, Caín se enamoró, y tuvo una esposa. Tuvieron un dijo, al que Caín llamó Enoc. Caín también construyó una ciudad, y la llamó igual que a su hijo Enoc.

Adán y Eva tuvieron dos hijos. Perdieron a uno por la violencia, y al otro por el castigo divino. También habían sido expulsados del Jardín del Edén. Dios los amaba a pesar de sus errores, y se sentía mal por su sufrimiento. Dios decidió bendecirlos con otro hijo, al que ellos llamaron Seth. Seth creció y pronto tendría un hijo, al que le puso Enós.

La humanidad se formó de los descendientes de Enoc y Enós. Aunque muchas de estas personas eran buenas, también había otras muy malas.

Capítulo Cuatro:

El Arca de Noé

(Génesis, 6-9)

Muchas generaciones después de Enoc y Enós, el mundo se llenó de gente que pecaba. Estos pecadores no tenían a Dios en sus vidas, no lo adoraban, y cometían acciones retorcidas contra Dios, y contra sus hermanos. Después de mucho pensarlo, Dios decidió que una inundación sería el único modo para terminar de una vez por todas con la maldad.

Había personas buenas en el mundo. Noé era el bisnieto de Enoc, y era un hombre buenísimo. Noé también tenía una familia muy amable. Dios decidió que Noé y su familia serían salvados de la inundación. Dios visitó a Noé para advertirlo de la gran inundación, y le ordenó que construyera un arca muy grande. Dios le dio instrucciones sobre cómo debía ser construida, y que debía contar con mucho espacio para la comida de su familia.

Muchos pensaron que Noé estaba loco al verlo construir el arca, pero él confiaba en Dios. La familia de Noé confiaba en él también, así que lo ayudaron a construirla. Dios amaba a los animales que creó, y quiso salvarlos. Ellos eran inocentes; entonces, pidió que un ejemplar de macho y hembra de cada una de las especies se acercaran al arca. ¡Los animales que vivían en el mar estarían bien! Dios enseñó a Noé sobre el alimento y cuidado de los animales que él les daría mientras estuvieran a bordo del arca.

Cuando el arca estuvo lista, los animales estuvieron a bordo, y las provisiones a salvo en los almacenes, comenzó a llover. Noé y su familia subieron al arca, y sellaron los portones. ¡Llovió por cuarenta días y cuarenta noches! Después de este tiempo, el sol brilló de nuevo en el cielo. Pero todo lo que Noé veía, no era más que agua. El agua cubrió a la tierra por ciento cincuenta días.

La maldad ya no existía, y el mundo era puro una vez más.

Finalmente, el arca se detuvo en la cima de la montaña Ararat. Noé no veía más tierra que la de la montaña. Soltó un cuervo, para ver si el pájaro lograba ver algo que él no. El cuervo voló y voló, y al final volvió. Noé soltó una paloma, entonces. Pero tampoco la paloma tuvo suerte. Noé esperó una semana, y volvió a soltar a la paloma. ¡La paloma volvió con una ramita de olivo! Noé supo que la tierra seca estaba cerca, y que pronto podrían salir del arca.

Noé esperó una semana más, y soltó a la paloma. Esta vez, la paloma ya no regresó; había encontrado tierra, y estaba haciéndose ahora un nido. Era tiempo de abandonar el arca, y Noé estaba muy nervioso. ¿Cómo sería la tierra después de la inundación? Dios animó a Noé a que saliera con su familia y todos los animales a hacerse un nuevo hogar. Le pidió que se expandiera por las nuevas tierras.

"Sean fecundos y llenen la tierra."(Nueva Biblia Americana Estándar, Génesis, 8:1)

Noé construyó un altar, y quemó ofrendas, pues quería agradecerle a Dios por salvarlo a él y a su familia. Dios estuvo complacido por la ofrenda, y le prometió que nunca más inundaría la tierra.

"Yo establezco un pacto contigo, de que nunca más exterminaré a los hombres con el agua, y que nunca más habrá un diluvio que destruya la tierra." (Nueva Biblia Americana Estándar, Génesis, 9:11)

Capítulo Cinco:

La Torre de Babel

(Génesis, 11)

Dios dijo a Noé que sus descendientes se esparcirían por toda la tierra, pero ellos no lo hicieron. En lugar de eso, se instalaron en una ciudad llamada Sinear. En este tiempo, todos los humanos hablaban el mismo idioma.

Las personas de Sinear comenzaron a creer en diferentes dioses falsos, no sólo en Dios. Su ciudad creció, y se les ocurrió construir una torre. Esta torre serviría como un puente entre el cielo y la tierra para sus falsos dioses.

En Sinear deseaban impresionar a sus dioses falsos, y volverse muy famosos por ello. Y pensaron que esto preveniría que se dispersaran por la tierra. ¡Podrían quedarse todos juntos, y hacer aún más grande la ciudad! Habiéndole dado la espalda a Dios, su orgullo era ahora más importante que el Señor.

Cuando la torre fue construida, Dios se acercó a la ciudad de Sinar. Estaba enojado con las personas y le preocupaba que, teniendo el mismo lenguaje, ellos pudieran lograr cualquier cosa que se propusieran. Se alejarían aún más de Él. Entonces, Dios decidió que las personas de Sinear debían marcharse hacia todos los rincones de la tierra, y que debían hablar lenguajes diferentes.

Las personas ya no pudieron comunicarse entre ellos. Ahora, cada grupo hablaba lenguas diferentes. Dios renombró a Sinear, Babel. Como ya no podían entenderse, todos se vieron obligados a parar la construcción de una ciudad más grande, y se esparcieron por la tierra; justo como Dios deseaba.

Capítulo Seis:

La Vida de Abraham

(Génesis, 12-22)

Abram y Lot

Cuando él nació, los padres de Abraham le pusieron Abram. Dios mandó a Abram que abandonara su casa en Jarán, pues sería el padre de una gran nación. Esta nación estaría compuesta por la gente de Dios. Dios prometió a Abram que, si lo obedecía, bendeciría a aquellos que lo bendijera, y maldeciría a los que lo maldijeran.

Abram tenía una gran fe en Dios, así que lo obedeció. A la edad de setenta y cinco años, Abram tomó a su mujer, Saraí, a Lot, su sobrino, y dejó Jarán para dirigirse a la tierra de Caanán. Cuando llegaron a Canaán, Dios apareció para darle la tierra de Canaán a Abram y sus descendientes. Abram construyó un altar donde Dios apareciera, y subió a las montañas de Betel, donde construyó otro altar.

Una hambruna asolaba a la región, por lo que Abram y su familia viajaron a Egipto. Una hambruna ocurre cuando la tierra que las personas cultivan, se niega a dar frutos por largo tiempo, y todos pasan mucha hambre.

Saraí era una mujer muy hermosa, así que Abram le pidió que dijera que era su hermana. Él temía que los egipcios se pusieran celosos si sabían que era su esposa.

Los egipcios se quedaron prendados de la belleza de Saraí, así que la llevaron ante el Faraón, que le dio camellos, burros, ovejas, bueyes y sirvientes como regalo. Dios se enojó con el Faraón por haberse llevado a Saraí, y maldijo su casa. Cuando el Faraón se dio cuenta del por qué Dios lo maldijo, se enojó con Abram por haberle mentido; mandó de regreso con Abram a Saraí y sus regalos.

Abram y su familia abandonaron Egipto. Viajaron hasta Nínive, y regresaron a Betel. Abram era ahora un hombre muy rico, y entre él y Lot poseían muchas tiendas, rebaños y ganado. Como pronto no había ya suficiente espacio, ni suficiente comida para los seguidores de ambos hombres, esto causó problemas entre los sirvientes de Abram y Lot.

Como Abram y Lot se querían y respetaban mucho, acordaron separarse para terminar con las peleas. Lot se fue por el camino del valle de Jordán, lleno de plantas y agua. Abram se marchó de vuelta a Canaán, pues Dios se la había otorgado. Dios vino a Abram, concediéndole aún más tierra. Abram y sus hombres se instalaron finalmente en Mambré, donde él construyó a Dios otro altar.

En los reinos cercanos, algunos reyes estaban en guerra. Las personas de Sodoma y Gomorra huyeron a las Colinas en busca de refugio; tomaron todo lo que pudieron llevarse, incluida mucha comida. El sobrino de Abram, Lot, vivía en Sodoma, así que fue capturado y llevado con ellos. Un hombre logró escapar, y fue a decirle a Abram que su sobrino había sido capturado. Entonces Abram juntó un ejército de trescientos ochenta hombres, y se marchó a las colinas para salvar a Lot. Logró rescatarlo y lo trajo a casa, junto con las mujeres y otros cautivos.

Abram, Saraí, y Agar.

Abram era bendecido con una hermosa esposa, un sobrino amante y muchos seguidores, pero estaba triste porque aún no tenía hijos. Dios visitó a Abram en su tienda, y le pidió que salieran. Después, Dios le dijo que contara las estrellas, porque ese sería el número de sus descendientes; y le pidió que le trajera un becerro de tres años, una cabra, un carnero, una tórtola y un pichón.

Abram trajo que Dios le había pedido. Dios entonces le dijo que sus descendientes serían esclavos en otra tierra por cuatrocientos años. Pero, serían recompensados al liberarse, y sus captores serían castigados. Dios le prometió que tendrían muchas tierras.

Abram y Saraí aún no eran bendecidos con un hijo, así que Saraí sugirió que Abram tuviera un bebé con su sirvienta, Agar. Cuando Agar se quedó embarazada, Saraí sintió muchos celos de Agar, y comenzó a tratarla mal. Agar no pudo soportarlo, y huyó al desierto.

Por fortuna, Agar se encontró con un oasis. Era peligroso para una mujer sola, el vagar por el desierto, ¡en especial si no tenía agua! Mientras Agar descansaba, un ángel de Dios vino a ella, y le preguntó a dónde iba. Agar le dijo al ángel que huía de su ama Saraí, porque ella estaba siendo cruel. El ángel le dijo a Agar que volviera, y que fuera valiente, pues debía ser la buena sirvienta de Saraí. Y que también, cuando su hijo naciera, debía llamarlo Ismael. El ángel prometió a Agar que Dios cuidaría de ella y su hijo, si obedecía.

Agar regresó a casa, y pronto dio a luz a Ismael. Abram tenía ochenta y seis años cuando fue padre.

¡Abram se Vuelve Abraham!

Cuando Ismael cumplió trece años, Dios visitó a Abram de nuevo. Dios le recordó las promesas que le había hecho: tendría muchos descendientes, y mucha tierra para gobernar. Dios dijo que Abram, se llamaría ahora Abraham porque sería padre de muchos reyes y naciones. El nombre de Saraí cambió a Sara, pues sería la madre de muchos reyes y naciones. Dios prometió bendecir y cuidar de sus descendientes mientras ellos lo adoraran como a su único Dios Verdadero.

Más tarde, tres hombres llegaron de repente a la tienda de Abraham. ¡Abraham pensó que eran mensajeros de Dios! Así que los trató como invitados de honor, y le pidió a Sara que preparara un pastel, y a un sirviente, que trajera carne. Abraham trajo leche, mantequilla, y toda esa comida fue presentada a los tres huéspedes.

Después de que comieron, uno de los hombres preguntó por Sara. Abraham le respondió que se encontraba descansando en la tienda. ¡El hombre dijo entonces que él y Sara tendrían un hijo! Sara escuchó estas palabras, pero pensó que los dos eran demasiado viejos como para tener un hijo, y soltó una risa. Dios se quedó descontento de que Sara lo encontrara gracioso.

Cuando los tres hombres se marcharon, Abraham supo que ellos habían sido enviados por Dios, así que se alegró de haberlos tratado con respeto, y confió en sus palabras.

Las Ciudades de Sodoma y Gomorra

En las ciudades de Sodoma y Gomorra vivía gente malvada. Habían abandonado a Dios, adoraban a otros dioses y se comportaban de una manera horrible. Por pecadores, Dios quiso castigarlos.

Dios no sabía si decirle o no, a Abraham, de sus planes con Sodoma y Gomorra. Así que envió a dos ángeles a las ciudades mientras charlaba con Abraham. Como lo respetaba y amaba mucho, decidió por fin a contarle sus planes.

Mientras juntos contemplaban desde la tienda a las ciudades, Abraham preguntó si los justos serían castigados junto a los pecadores. Abraham argumentó que vivían personas buenas en las ciudades, y que deberían ser salvadas. Dios prometió que, si sus ángeles encontraban cincuenta justos, salvaría a las dos ciudades completas. Abraham insistió: Dios dijo finalmente que, si encontraba a sólo diez justos, perdonaría a las ciudades.

Cuando los ángeles llegaron a Sodoma, conocieron a Lot, el sobrino de Abraham. Lot los invitó a un banquete, y les ofreció hospedaje para la noche. Después del banquete, la gente de Sodoma se juntó fuera de la casa de Lot, gritándoles burlas a los ángeles para que salieran a pecar con ellos.

Lot salió a decirles a todos que se fueran, y no se burlaran de sus huéspedes. Debían de dejar de ser tan malvados. ¡Pero la gente no se marchó! Empujaron a Lot, e intentaron entrar en su casa. Los ángeles ayudaron a Lot, y la puerta se cerró.

De pronto, ¡la gente de fuera se quedó ciega! Ciegos como estaban, ya no pudieron meterse a la casa, y Lot, su familia y los ángeles quedaron a salvo por la noche.

Los ángeles preguntaron a Lot si tenía más familia en Sodoma, pues Dios planeaba destruir a la ciudad al día siguiente. Lot advirtió a los prometidos de sus dos hijas de la destrucción inminente, pero ellos pensaron que era una broma y no le hicieron caso.

Por la mañana, los ángeles ordenaron a Lot que escapara junto con su familia a las colinas. No debían detenerse, ni mirar atrás por nada del mundo. Lot estaba muy agradecido con los ángeles, pero temía no llegar a tiempo a las colinas. Los ángeles, entonces, le dieron permiso de irse a la ciudad vecina de Soar.

Después de que Lot y su familia se marcharon de Sodoma, Dios hizo llover fuego del cielo sobre Sodoma y Gomorra. Como la mujer de Lot no pudo contener su curiosidad, miró hacia atrás: quedó convertida en un pilar de sal.

Abraham contempló a lo lejos la destrucción de las dos ciudades. Entonces, ni diez personas justas habían sido encontradas... Pero los ángeles sí habían salvado a la buena gente: Lot y sus hijos.

Lot se sintió en peligro en Soar, así que tomó a sus dos hijas y se refugió en una cueva. Cuando su hija mayor dio a luz a un hijo, ella le puso Moab. La hija menor dio a luz también a un hijo, y lo llamó Ben-Ammí.

Abraham Traiciona a Abimelec

Aunque Abraham era ya muy viejo, continuó viajando por la tierra de Dios. Y continuó diciendo que Sara era su hermana, no su esposa. Abimelec, rey de Guerar, tomó a Sara. Dios se enojó y habló a Abimelec en sus sueños. Dios amenazó a Abimelec, diciéndole que Sara estaba casada. Le dijo que Abraham y Sara le habían mentido por seguridad. Como Abimelec no había tocado a Sara, y prometió devolverla, Dios vio que Abimelec era sincero. Sin embargo, si Sara no era devuelta a Abraham, que era su profeta, Dios castigaría a toda su familia.

A la mañana siguiente, Abimelec juntó a todos sus sirvientes, y les habló sobre su sueño. También le preguntó a Abraham por qué había mentido; el rey devolvió a Sara, junto con muchos regalos en moneda, ovejas, bueyes y sirvientes. También, Abimelec los invitó a que vivieran en donde quisieran de sus tierras.

Dios bendijo a Abimelec y a su casa, recompensándolo por sus buenas acciones. Sus sirvientes y mujeres tuvieron muchos hijos. Dios aún amaba a Abraham, pero estaba enfadado con él por haber mentido.

Isaac e Ismael

Por las promesas de Dios a Abraham y Sara, pese a su avanzada edad, ellos tuvieron un hijo, al que llamaron Isaac. Abraham, sintiéndose muy feliz, celebró una gran fiesta.

Agar y Sara nunca se llevaron bien después de que la sirvienta regresó del desierto. Agar se burló del bebé Isaac durante la fiesta. Sara montó en cólera, y habló con su esposo para que les dijera a Agar y a Ismael que se fueran.

Abraham estaba muy triste porque no quería perder a su hijo Ismael, pero hizo como su esposa le pidió; dio agua a Agar y su hijo, y les ordenó que se fueran. Confiaba, sin embargo, en que Dios los cuidaría.

Agar e Ismael, después de mucha caminata, se detuvieron a descansar y a beber el agua que Abraham les había dado. Agar se alejó un poco para echarse a llorar, pues estaba muy asustada de que el calor y la falta de agua hicieran que Ismael se enfermara. Dios envió un ángel para consolarla. El ángel dijo que cuidara muy bien de Ismael, pues... ¡Dios tenía planes para el futuro de Ismael!

Agar se limpió las lágrimas, y vio un pozo lleno de agua fresca. Como el ángel le dijera, Agar cargó con su hijo y le dio agua fría para refrescarse.

Ismael se sintió mejor, y así los dos pudieron continuar con su camino.

Agar e Ismael se establecieron en el desierto. Ismael se convirtió en un arquero muy habilidoso cuando creció, y Dios cuidó de él durante toda su vida.

La Prueba de Fe

Durante toda la vida de Abraham, él y Dios se hicieron muchas promesas el uno al otro. Hasta que un día, Dios decidió poner a prueba la fe de Abraham. Dios le dijo a Abraham que tomara a su hijo Isaac, y se lo ofreciera en sacrificio. Más que a nadie en el mundo, Abraham amaba entrañablemente a su hijo. Sin embargo, por mucho que amara a Isaac, amaba y confiaba en Dios.

Abraham cargó en un burro las provisiones, y montó a Isaac en el animal. Juntos fueron al lugar del sacrificio designado por Dios. Isaac preguntó a dónde lo llevaba, y su padre le respondió que sacrificarían una oveja a Dios. Isaac le dijo que no llevaban oveja para el sacrificio, pero Abraham le aseguró que Dios proveería.

Cuando llegaron al lugar, Abraham construyó un altar y puso a Isaac en él. Antes de que Abraham pudiera hacerle a algo al niño, Dios le dijo que parara; Abraham acaba de probar que Dios era lo más importante para él. Dios hizo aparecer un carnero, y Abraham lo sacrificó en lugar de su hijo. Abraham se quedó muy agradecido de que Dios hubiera perdonado a su hijo.

Una vez más, Dios recompensó a Abraham: prometió que la familia de Abraham llenaría la tierra. Dios los bendeciría para siempre, y velaría por su bienestar.

Capítulo Siete:
Una Novia para Isaac

(Génesis, 24)

Sara, madre de Isaac, vivió hasta cumplir ciento veintisiete años. Abraham, que ya era viejísimo, tenía el último deseo de que Isaac fuera bendecido con una gran familia feliz. Quería ver a su hijo, felizmente casado, antes de unirse a Sara en el Cielo.

Abraham confió a Eleazar, su sirviente de más confianza, que encontrara una esposa para su hijo; Eleazar debía encontrar una mujer dispuesta a casarse con Isaac, y que quisiera mudarse con Isaac a las tierras que Dios otorgara a Abraham. Si Eleazar encontraba una esposa que quisiera casarse con Isaac, pero no mudarse, Eleazar quedaba libre de toda responsabilidad. Isaac no debía irse de la tierra de su padre.

Eleazar ensilló diez camellos con provisiones, y viajó a Mesopotamia en busca de la esposa para Isaac. Cuando llegó a las murallas de una ciudad, Eleazar se tomó un descanso. Dio agua a sus camellos, y oró a Dios para que le permitiera encontrara a la esposa adecuada para Isaac. Eso sucedía, cuando muchas jovencitas salieron de la ciudad para ir a llenar sus cántaros con agua del pozo. Eleazar le dijo a Dios que pediría a las jóvenes que le diesen agua para beber. Si alguna de ellas le daba agua a él y a sus camellos, en vez de prestarle su jarro, significaba que la muchacha tenía un corazón amable.

Pronto, una muchachita hermosa e inocente se acercó al pozo. Su nombre era Rebeca, y era hija de Najor, el hermano de Sara. En lugar de prestarle su jarro para acarrear agua, ¡ella misma dio agua a Eleazar! Mientras él bebía y descansaba, ella se apresuró a darle agua a los camellos. ¡Eleazar supo entonces que sus oraciones habían sido escuchadas, y que Rebeca sería la esposa perfecta para Isaac!

Eleazar, entonces, presentándole a Rebeca un anillo de oro, y dos brazaletes del mismo metal, preguntó si podía quedarse en casa de su padre. Rebeca dijo que en casa de su padre había suficiente espacio, comida, y paja para los camellos. Eleazar estaba muy emocionado por haber encontrado tan pronto a la mujer perfecta para Isaac.

Rebeca fue a casa a avisarle a su familia sobre el hombre que acababa de conocer. Su hermano, Labán, salió al pozo para recibir a Eleazar. Labán le dio la bienvenida y lo ayudó a acomodarse con sus camellos en la casa; incluso, él mismo dio agua y paja a los camellos.

Antes de aceptar la comida, Eleazar le dijo a la familia de Rebeca el porqué de su estadía. Explicó que era hijo de un hombre muy rico y bendecido por Dios, llamado Abraham. Eleazar dijo que Abraham quería que su hijo se casara con una mujer de la tierra bendecida por Dios, y no una de Canaán, donde residía actualmente.

Eleazar le dijo que también había orado mucho a Dios para que lo ayudara a encontrar a la muchacha ideal, y que Rebeca había sido la respuesta a sus plegarias. La familia de Rebeca otorgó su permiso para que Eleazar llevara a Rebeca frente a Isaac. Rebeca accedió a dejar a su familia para casarse con Isaac. ¡Toda la familia creyó que era la voluntad de Dios! Eleazar presentó a Rebeca los regalos de plata, oro y telas preciosas. Al final, ¡todos se dieron un banquete de deliciosa comida!

A la mañana siguiente, Eleazar dijo a Rebeca que era tiempo de partir. Su familia estuvo triste, y le pidió que se quedara más tiempo. Eleazar, sin embargo, les respondió que debían llegar a tiempo para que Abraham viera cumplido su último deseo.

Tomó varios días para que Eleazar y Rebeca viajaran todo el camino desde Mesopotamia hasta Canaán. Rebeca estaba nerviosa, pero muy emocionada al mismo tiempo por iniciar su nueva vida. Estaba ansiosa de conocer a su nueva familia, especialmente a su futuro esposo. Se preguntaba cómo sería Isaac, y confiaba en que estaba cumpliendo la voluntad de Dios.

Cuando ya estaban cerca de casa, Rebeca vio a un hombre trabajando en los campos. Cuando preguntó de quién se trataba, Eleazar le respondió que era Isaac. Rebeca se cubrió con su velo, y se bajó del camello. Fue amor a primera vista entre Rebeca e Isaac. Eleazar le contó la historia de su viaje. Abraham estaba muy satisfecho con la elección de Eleazar al conocer a Rebeca, y la amó también.

Al poco tiempo... ¡Rebeca e Isaac estuvieron felizmente casados!

Capítulo Ocho:
Jacob y Esaú

(Génesis, 25-27)

Después de que Rebeca e Isaac se casaron, continuaron viviendo en la casa de Abraham. Les llevó un tiempo para tener hijos, pero finalmente ¡fueron bendecidos con unos gemelos! Esaú nació primero, y después Jacob. Jacob sujetaba el talón de su hermano cuando nacieron.

Aunque eran gemelos, los chicos no podían ser más diferentes. Esaú era grande, fuerte, peludo, y amaba estar afuera en el campo. Era un cazador excelente, y cocinaba la carne justo como le gustaba a su padre. Isaac estaba muy orgulloso de Esaú. Amaba a sus dos hijos, pero no podía evitar favorecer un poco más a su primogénito Esaú.

Jacob era más pequeño, tranquilo, lampiño e inteligente. Pasaba más tiempo en la tienda, ayudando a su madre. Rebeca amaba a sus dos hijos, pero no podía evitar su preferencia por Jacob. ¡Esaú era tan rudo! Aunque Esaú nació primero, Jacob sentía que él merecía el patrimonio. Jacob creía que sería un mejor cabeza de familia.

Un día, Esaú regresó del campo después de un día de caza sin piezas. Estaba muy cansado y hambriento. Jacob cocinaba un estofado de lentejas; tomó ventaja del estado de su hermano. Jacob dijo que le daría estofado si Esaú le concedía su derecho de nacimiento. Esaú tan estaba famélico, que no lo pensó ni un segundo, y aceptó el acuerdo.

Una vez que Esaú comió bien y pensaba de nuevo, se quedó muy enojado por la treta de Jacob de venderle su derecho de nacimiento por un cuenco de lentejas. Esaú llegó a odiar a su hermano gemelo.

Incluso si Jacob había despojado a su hermano de derecho, esto no era suficiente. Ahora necesitaba la bendición de su padre. Esta bendición estaba pensada para el hijo mayor. Para este tiempo, Isaac ya era muy viejo y no veía bien. Rebeca ayudó a su hijo favorito a idear un truco para engañar a su padre, y que así le diera la bendición de Esaú.

Un día Isaac sintió que su fin estaba cerca. Le pidió a Esaú que fuera a cazarle una pieza, y le preparara la carne, justo como le gustaba; prometió que la comería, y después le daría a Esaú u bendición. Esaú obedeció a su padre y fue hacia los bosques para encontrar al animal perfecto, pues quería hacerlo muy especial para su padre.

Rebeca escuchó a Isaac y Esaú hablando. Así que le dijo a Jacob que le trajera la carne de su rebaño. Ella preparó una comida mientras Esaú cazaba. Rebeca vistió a Jacob con las ropas de Esaú, para que oliera justo como él. Puso pieles en sus manos para que se sintiera tan peludo como Esaú.

Cuando Jacob llevó la comida a Isaac, vestido con las ropas de su hermano, Isaac sospechó. Sonaba como Jacob, pero las manos eran de Esaú. Jacob insistió que era Esaú. Isaac comenzó a comer; después pidió un beso. Isaac, al acercarse Jacob, pudo oler las ropas de Esaú. Esto terminó convenciéndolo de que era Esaú, y lo bendijo con éxito, cosechas fructíferas, y como jefe de familia. Y maldijo a cualquiera que quisiera hacerle daño.

"Que Dios te dé el rocío, y la fertilidad de la tierra, y abundancia de trigo y de mostos; que te sirvan los pueblos, y las naciones se inclinen ante ti; sé señor de tus hermanos, que los hijos de tu madre se inclinen ante ti. Sea maldito quien te maldiga, y bendito quien te bendiga." *(Nueva Biblia Americana Estándar, Génesis, 27:28-29)*

Habiendo recibido la bendición, Jacob dejó a su padre. Pronto, Esaú llegó a casa con la carne de su caza. Preparó el platillo favorito de Isaac. Al presentárselo Esaú, quedó muy confundido el padre. ¿Qué no acaba de comer, y de bendecirlo? Entonces, Isaac y Esaú se dieron cuenta de que habían sido engañados, y se quedaron muy molestos. Isaac le dio una bendición a Esaú, pero no podía retirar ya la bendición que le había dado a Jacob.

Esaú estaba furioso con Jacob por haberle robado su derecho, y la bendición del padre. Planeó una venganza, pero decidió actuaría solo hasta que Isaac estuviese muerto. Amaba mucho a su padre, y no quería arruinarle sus últimos días.

Rebeca escuchó los planes de Esaú, y advirtió a Jacob que debía irse para encontrarse con su tío Labán, que vivía en Jarán. Rebeca lo instó a quedarse allí hasta que la furia de Esaú se disipara; lo mandaría llamar cuando esto pasara.

Rebeca trató de esconder su participación en la treta, así que le dijo a Isaac que mandaría a Jacob lejos para que pudiera encontrara una esposa en otras tierras. No le gustaban las mujeres de Canaán, decía, pero en realidad Rebeca no quería perder a su esposo y a su hijo al mismo tiempo.

Capítulo Nueve:

Jacob y su Familia

(Génesis, 28-33)

Jacob Abandona Su Casa.

Isaac llamó a su hijo Jacob. Le dio la bendición final, pidiéndole que no se casara con una mujer de Canaán. Isaac le dijo a Jacob que viajara a Jarán, a casa de su tío Labán. Una de las hijas de Labán sería su esposa. Isaac pidió a Dios que le diera una gran familia, tierras y muchos seguidores.

Jacob abandonó la casa y comenzó su viaje hacia Jarán. Acampó muchas noches en el campo, usando a las piedras como almohadas. Tomó el camino más largo pues temía que su hermano gemelo lo siguiera, buscando venganza. Jacob extrañaba a su casa, su padre, y más que a nadie, a su madre; temía que jamás pudiera volver a casa.

Una noche, Jacob yacía con la cabeza sobre una piedra. Y tuvo un sueño. En su sueño, vio una escalera, tan alta, que llegaba hasta el cielo. En la escalera, había muchos ángeles: unos bajaban, otros subían. Dios se paró encima de la escalera, y habló a Jacob: "Yo soy Dios, el Dios de Abraham y de tu padre Isaac." Y le dijo que le otorgaba la tierra sobre la que descansaba, a él y a todos sus descendientes, quienes se esparcirían benditos sobre la tierra.

Cuando Jacob despertó, se sintió temeroso y agradecido al mismo tiempo. ¡Había creído que se encontraba frente a las puertas del cielo! Jacob construyó un altar a Dios, y nombró a la tierra Betel. Después, continuó con su viaje.

Un día, Jacob se encontró con tres pastores y sus rebaños. Cuando les preguntó a dónde se dirigían, ellos le contestaron que a Jarán. ¡Ése era el destino de Jacob! Preguntó si conocían a Labán. Ellos conocían a Labán, y apuntaron a una hermosa mujer que se acercaba. Era Raquel, la hija de Labán, que venía con sus ovejas para darles de beber.

Jacob ayudó a Raquel a darles agua a los animales, ¡y luego la besó! Finalmente, se presentó como Jacob, hijo de Rebeca, hermana de su padre. Fueron a ver a Labán, que le dio la bienvenida en su casa a Jacob.

Jacob se quedó por un mes con la familia. Raquel tenía una hermana mayor, llamada Lía. Era tradición que la hija mayor se casara primero, pero Jacob amaba a Raquel. Jacob prometió a Labán que trabajaría siete años para él si lo dejaba casarse con Raquel. La amaba tanto, que siete años pasaron como si nada. ¡Estaba muy emocionado de casarse con Raquel!

Jacob Se Casa

Después de siete años, Jacob le pidió la mano de Raquel a Labán. Labán preparó un banquete para celebrarlo. Sin embargo, esa noche, Labán engañó a Jacob para que se casara con Lía. Labán le dio a su hija una sirvienta, Zelfa, como regalo de bodas.

Jacob estaba muy enojado cuando se dio cuenta del engaño que no lo dejó casarse con su amor verdadero. Labán se defendió diciendo que primero la hija mayor debía casarse. Jacob debía trabajar siete años más antes de casarse también con Raquel.

Jacob accedió, y pudo casarse por fin con su amor verdadero, Raquel. Dios sintió pena por Lía, porque era casada pero no amada. Dios le dio un hijo a Lía, y ella lo llamó Rubén. ¡Esto haría que Jacob la amara! Tuvo tres hijos más, Simeón, Leví y Judá. Aunque Lía le dio más hijos, el amor de Jacob por Raquel no disminuyó.

Raquel estaba muy celosa porque no tenía hijos, mientras que su hermana ya tenía tres. Raquel decidió que su sirvienta Bilá cargaría con su bebé. Bilá tuvo dos hijos para Raquel, llamados Dan y Neftalí.

Lía no pudo tener más hijos, así que ella también hizo que su sirvienta cargara con sus bebés. Zelfa tuvo dos hijos, llamados Gad y Aser.

¡Luego ocurrió un milagro! Lía pudo tener bebés de nuevo, y tuvo dos hijos más: Isacar y Zabulón. También una niña, Dina.

Dios sintió que era justo que Raquel también tuviera más hijos. Ella tuvo un hijo más, y lo llamó José.

Para ese momento, los siete años que Jacob había prometido a Labán terminaban. Jacob pidió su bendición a Labán para poder llevarse a sus esposas e hijos con él. Labán no quería que se fueran, incluso después de que Jacob le había pagado con su trabajo. Pero Jacob estaba decidido; el cansancio no valía la paga injusta que le daba el padre de sus esposas.

Jacob nunca olvidó el truco de Labán para que se casara con Lía. Durante su estadía con su suegro, los rebaños de ovejas, vacas y camellos de Jacob habían crecido mucho. Jacob tomó su parte del rebaño, y dejó el resto.

Jacob Vuelve a Casa

Dios dijo a Jacob que regresara con su familia, sirvientes y rebaño a Canaán. Esa tierra pertenecía a su hermano Esaú, y Jacob aún le tenía miedo. Cuando estuvo cerca de Canaán, envió mensajeros a su hermano gemelo, para hacerle saber que se acercaba.

Cuando los mensajeros regresaron a Jacob, le reportaron que Esaú venía él mismo a encontrarse con Jacob, y traía a cien hombres con él. Jacob se asustó mucho, pues pensó que Esaú traía consigo a esos hombres para atacarlo. Jacob oró a Dios que lo protegiera y preparó regalos para Esaú: cien cabras, ovejas y burros serían para su hermano.

Esaú llegó corriendo a encontrarse con su hermano y lo abrazó y besó en la mejilla. Con el pasar de los años, Esaú había logrado perdonar a

Jacob. Los dos hermanos lloraron. Esaú se negó a aceptar los animales de regalo, pero apreció que quisiera dárselos; no los necesitaba, había sido bendecido por Dios y tenía muchos ya.

Después de que hablaron, los hermanos decidieron irse por caminos separados. Jacob tomó a su familia, animales y sirvientes, y se marchó hacia Sucot. Esaú, con su familia, animales y sirvientes, se marchó a Seir. Esta vez, los hermanos se separaron como amigos.

Capítulo Diez:

José es traicionado

(Génesis, 37)

Después de regresar a su tierra, Jacob perdió a su amada Raquel, y a su padre Isaac. Aunque estaba muy triste, se consoló con su hija y sus doce hijos. Los amaba a todos, pero algunos hacían que le resultara difícil que estuviera orgulloso de ellos. Jacob sí estaba muy orgulloso de su hijo José. Era uno de los más jóvenes, y el último que su amada Raquel le había dado.

Como Jacob la extrañaba mucho, a veces consentía más a José que al resto de sus hijos. Naturalmente, esto causó celos entre los hermanos. José también era muy diferente a sus demás hermanos, que no lo entendían. Mientras que el resto prefería estar afuera, labrando los campos, José prefería quedarse en casa, pensando y ayudando a su madre Lía.

Un día, Jacob dio a José una túnica de muchos colores. Sus hermanos no tenían una túnica tan bonita como esa, y los celos aumentaron. Su disgusto y celos por José se tornaron en odio.

José tenía muchos sueños e ideas, y cometió el error de contárselos a sus hermanos. Una noche, José soñó que trabajaba en el campo con sus hermanos, y sus espigas de trigo volaron por el aire. Las espigas de sus hermanos se arracimaron en torno a José, y le hicieron una reverencia. Sus hermanos pensaron que el sueño significaba que José planeaba mandar sobre todos ellos, y lo resintieron más.

José tuvo otro sueño, en el que once estrellas, el sol y la luna se inclinaban ante él. Cuando le contó a su padre de su sueño, fue reprendido. Debería de ser más humilde, le dijo su padre. Sus hermanos comenzaron a conspirar en su contra.

No mucho después de su sueño, los hermanos de José estaban trabajando en los campos. Jacob envió a José a los campos con un mensaje para sus hermanos. ¡Los hermanos vieron su oportunidad! Decidieron que lo arrojarían a un pozo, y los animales salvajes se lo comerían. Rubén, el hermano mayor, trató de convencerlos de que dejaran fuera del plan a los animales salvajes. Rubén esperaba que en cuanto los otros se fueran, podría sacar a José del pozo.

Cuando José alcanzó a sus hermanos, ellos lo maniataron y le quitaron la túnica. Y lo abandonaron en un pozo, sin comida y agua. Luego, se sentaron a comer. Mientras comían, un grupo de hombres se detuvo para hablarles. Eran hombres que iban camino a Egipto.

Judá sugirió que debían vender a José como esclavo. Eran extraños, así que probablemente no volverían a verlos en la vida. Así se desharían limpiamente de José, sin tener que hacerle daño. Todos estuvieron de acuerdo, así que José fue vendido como esclavo.

Los hermanos no sabían qué le dirían a su padre sobre la desaparición de José. Por fin, rasgaron la túnica de colores y la mojaron con sangre de animales. Y le dijeron que José había sido atacado por un animal salvaje, y que solo habían encontrado la túnica.

Jacob quedó muy triste, y lloró por su hijo menor. Sus hijos intentaron consolarlo, pero su pena era muy grande.

Capítulo Once:

La Aventura Egipcia de José

(Génesis, 39-42)

José es Encarcelado

Cuando José llegó a Egipto, fue vendido a Putifar. Putifar era un hombre justo y recto, el capitán de los guardaespaldas del Faraón. Putifar confiaba en José, y pronto lo hizo jefe de los sirvientes de su casa.

José era joven y guapo. Muy agradable, también. Desafortunadamente, a la esposa de Putifar, José le agradaba de más, y trató de hacerle olvidar al muchacho que era una mujer casada. José se negó, pues jamás traicionaría a Putifar, o a Dios. Esto hirió los sentimientos de la mujer; y ella pronto estuvo furiosa.

José continuó resistiendo los avances de la esposa de Putifar. Ella no se rendía, y un día lo tomó por sus ropas. Él dejó sus ropas y huyó. La esposa gritó, y usó las ropas de José para engañar a Putifar: lo convenció de que José lo había traicionado, y que ella se había resistido, quitándole sus ropas antes de correr de él.

Putifar se enojó con José, y lo envió a la cárcel. Dios sabía que José había sido traicionado primero por sus hermanos, y ahora por la esposa de Putifar. Dios bendijo a José mientras estaba en prisión, y esto hizo que el jefe de los carceleros le tuviera confianza, y fuera amable con él. José fue puesto a cargo de los demás presos, que también lo apreciaban.

Dos de los hombres con los que José trabó amistad, tenían posiciones influyentes en la casa del Faraón. No habían cometido ningún crimen, pero simplemente el Faraón estaba molesto con ellos. Uno era el jefe de mayordomos, el otro era el jefe de los panaderos.

Una noche, el jefe de los mayordomos tuvo un sueño: una vid con tres ramas, cuyas uvas crecían ante sus ojos. Cuando estuvieron maduras, él las hizo vino, el cual dio al Faraón. El mayordomo contó a José su sueño. José le dijo que eso significaba que en tres días saldría de la cárcel, y el Faraón lo invitaría de nuevo a su palacio.

El jefe panadero estaba muy interesado en la interpretación de José. Así que le contó también sobre su sueño de la noche anterior: cargaba tres hogazas de pan para el Faraón. Las aves habían bajado del cielo, y comido todo el pan antes de que el panadero llegara al Faraón. José estaba muy triste al decirle el significado de su sueño; en tres días, el Faraón le cortaría la cabeza al jefe de panaderos.

Tres días después, fue el cumpleaños del Faraón. Él dio un gran banquete para sus siervos. Las dos predicciones de José se volvieron verdad. Debido a que pronto tuvo mucho trabajo, el jefe de mayordomos se olvidó de su amigo José, y de las predicciones que él había hecho.

¡José es Liberado!

Dos años después de que el Faraón perdonó al jefe de mayordomos, él tuvo un sueño extraño. En su primer sueño, el Faraón vio siete gordas vacas sanas pastando junto al Nilo. Siete vacas enfermas y flacas se escurrieron entre las sanas, ¡y se las comieron! El Faraón despertó sintiéndose muy alterado por el sueño. Al quedarse dormido de nuevo, soñó con cinco espigas de trigo maduras en su tallo. Un viento trajo otras siete espigas, pero éstas estaban secas y raquíticas. Las espigas raquíticas devoraron a las maduras.

El Faraón buscó a lo largo de todo su reino, a alguien que pudiera decirle el significado de sus sueños. Mandó llamar a muchos hombres sabios, pero ninguno supo decirle el significado de sus sueños. Entonces... ¡el jefe de mayordomos recordó a José! Y le dijo al Faraón que un joven amable que conoció en la cárcel sabía interpretar correctamente a los sueños.

El Faraón hizo que le trajeran de inmediato a José, y le preguntó por el significado de los sueños. José le dijo al Faraón que Dios le decía el significado de los sueños, y que no era un talento propio. Y el Faraón le contó sus sueños. Dios le susurró a José. Los dos sueños tenían el mismo significado: por siete años, la tierra de Egipto sería muy fértil, y las personas cultivarían más comida de la que podrían comer. Y a esto le seguirían siete años en los que Egipto y las tierras cercanas sufrirían una hambruna. A través de José, Dios le hizo saber al Faraón que debía elegir a alguien para que cuidara sus tierras, y que almacenara la comida necesaria para resistir para la futura hambruna.

¡José Gobierna!

El Faraón confió en lo dicho por Dios a través de José. Sintió que el muchacho era tan sabio, que sería él quien cuidara de sus tierras. Así fue que el Faraón se quitó su propio anillo, y lo puso en el dedo de José. También le dio ropas finas, y joyería. Aunque el Faraón conservó su título, José fue hecho gobernante. Todos los egipcios debían obedecerlo, y solo el Faraón tendría más autoridad.

El Faraón le dio un nuevo nombre a José: Zaphenath-paneah. Asenath, la hija de un sumo sacerdote, fue la esposa para José. Ahora, el hijo de Jacob tenía treinta años, y había ascendido de prisionero en Egipto, ¡a gobernante!

Por los siguientes siete años, José viajó por todo Egipto, y recolectó tanta comida que no podía ser medida; ¡sería como querer contar la arena del desierto! Solo tomaba un quinto de las cosechas de los egipcios, exceptuando a los sacerdotes, pues ellos tenían permitido quedarse con toda su cosecha.

Después de siete años de abundantes cosechas, la hambruna golpeó a toda la región. El Faraón envió a todos los egipcios con José, con quien podrían comprar comida. La hambruna se extendía por todos lados, y muchas personas de fuera comenzaron a llegar a Egipto para comprar comida para sus familias.

José Ve a Sus Hermanos

En Canaán, donde vivían Jacob y sus hijos, también se terminaba la comida. Jacob escuchó rumores de que se vendía comida en Egipto, así que envió a todos sus hijos, excepto a Benjamín, el más joven. Desde que José ya no estaba, era ahora el favorito de su padre.

Cuando los hermanos arribaron a Egipto, ellos no reconocieron a José en el hombre rico de las finas ropas que controlaba la venta de comida. ¡Pero José si los reconoció! José quiso saber qué tanto habían cambiado ellos en los años pasados, si aún serían los mismos que lo habían vendido como esclavo. José fingió que creía sus hermanos eran espías: dijo que le trajeran al hermano más joven, mientras uno de ellos se quedaba preso en Egipto.

Los hermanos, en su propio idioma, discutieron sobre qué debían hacer. Ellos no sabían que José podía entenderlos. Los hermanos dijeron que estaban siendo castigados por sus pecados contra José. Cuando José los escuchó, supo que estaban muy cambiados. Simeón aceptó quedarse en prisión mientras los otros regresaban a traer a Benjamín.

Cuando los hermanos compraron sus sacos de trigo, José puso el dinero de regreso a sus sacos. Cuando los hermanos llegaron a sus casas, se quedaron muy temerosos al ver el dinero. ¿Por qué estaba allí? ¿Los acusarían de robo?

Jacob se rehusó a que se llevaran a Benjamín, pues temía que algo malo volviera a pasarle al menor de sus hijos. ¡Ya había perdido a José, su hijo favorito, el hijo de su amada Raquel! El pobre Simeón permaneció como prisionero egipcio.

Capítulo Doce:

El Perdón de José

(Génesis, 43-48)

Cuando el grano se terminó, no hubo más remedio. Los hermanos, incluyendo Benjamín, volvieron de regreso a Egipto. Jacob envió muchos regalos al gobernante con la esperanza de que los viera con buenos ojos, y no hiciera daño a Benjamín o Simeón.

Los hermanos regresaron a Egipto, y José complacido pudo ver que esta vez venía Benjamín. El gobernador pidió a sus servidores que prepararan una comida para él y el grupo de hermanos. Los hermanos le presentaron a José los regalos, dinero para la compra del grano, y el dinero que habían encontrado en los sacos a su vuelta a Canaán. Admitieron que no sabían por qué o cómo les habían devuelto el dinero. Se disculparon, a todas luces temían por sus vidas. José les dijo que no se preocuparan, que era un regalo de Dios.

Simeón fue liberado de la prisión y se acercó alegre a reunirse con los demás. José preguntó cómo estaba su padre de salud. Ellos respondieron que Jacob estaba bien, y después le dijeron que sí cuando José preguntó si Benjamín era el menor; acercándose, José bendijo a su hermano. Después disfrutaron de un banquete, aunque José aún decidió que no revelaría su identidad.

A la mañana siguiente, todos se prepararon para volver a Canaán. José pidió a sus servidores que devolvieran el dinero a los sacos, y que también colocaran su copa de plata en el saco del hermano menor.

Cuando los hermanos apenas salían de las murallas de Egipto, José envió a sus sirvientes para que recuperaran la copa "robada", y los reprendieran preguntándoles por qué pagaban amabilidad con alevosía.

Los hermanos regresaron a casa de José, que declaró que todos excepto, Benjamín, podían irse a casa. Benjamín se quedaría como esclavo en Egipto por su crimen de robo de la copa. Judá suplicó a José que lo dejara quedarse esclavizado en lugar de Benjamín. Su padre Jacob ya había perdido al hijo de su amada esposa Raquel. ¡Y no se dio cuenta que estaba contando sobre José, a José! Por último, Judá dijo que Jacob no podría perder también a Benjamín, pues se le partiría el corazón.

En este momento, José se dio cuenta que, de verdad, sus hermanos eran otros hombres muy distintos. Ya no eran los tipos malos que lo habían vendido como esclavo. Darían hasta su vida por proteger a su hermano.

José les pidió que se acercaran. Y gritó: "¡Yo soy José!". Como estaban ellos muy asustados, José se acercó a besarlos, y les dijo que ya estaban perdonados, pues era la voluntad de Dios que él hiciera carrera en Egipto.

José les contó su historia de sus aventuras en Egipto, desde cómo fue un siervo de confianza, luego un prisionero en la cárcel por dos años, ¡y su promoción a gobernador!

José pidió que regresaran a Canaán, y le dijeran a su padre que José estaba vivo, y era el gobernador de Egipto. José dijo que esperaba pudieran traer a Jacob de regreso a Egipto, pues les daría de las mejores tierras que existían. Antes de irse, José les regaló comida, dinero, burros y ropas para Jacob.

Jacob no podía creer a sus oídos, pero se convenció al ver los regalos. Estuvo de acuerdo en viajar a Egipto, pues más que nada quería reunirse con su hijo perdido antes de que la muerte lo reclamara.

Jacob, sus hijos, hijas y respectivas familias empacaron con rapidez. Cuando José supo que su familia se encontraba cerca, él mismo manejó su carruaje hasta las puertas en las murallas de la ciudad.

José corrió hasta su padre, y lo envolvió en un apretado abrazo. Jacob lloraba, diciendo que ya podría morir en paz tras haber visto de nuevo a su hijo amado. Sin embargo, ¡no sucedió pronto! Jacob vivió muchísimos años más en Egipto, feliz y acompañado por su familia.

José presentó a su familia al Faraón, y preguntó si podrían quedarse a vivir en Egipto. Dados los largos años de separación, deseaban estar juntos una vez más. El Faraón accedió, y los instó a que se instalaran en la mejor tierra de Egipto.

La hambruna continuó, y las personas tuvieron que vender sus rebaños y tierras para poder comer. José expandió así los dominios del Faraón; no era codicioso, pues daba a las familias grano para plantar, y obtenía a cambio un quinto de las cosechas para el Faraón. Y así, todos tenían comida.

Cuando Jacob alcanzó la edad de ciento cuarenta y siete años, supo que su tiempo en la tierra terminaba. Llamó a su hijo José para decirle que su último deseo era ser enterrado en la tierra de sus ancestros.

El día de su muerte, Jacob bendijo a los hijos que José tenía en Egipto, sus nietos, con muchas tierras y descendientes.

Capítulo Trece:
El Nacimiento de Moisés

(Éxodo, 1-2)

El Faraón al que José sirvió, era un justo, amable, un buen hombre y rey pese a que a veces se enojara. Cuando murió, otros reyes lo sucedieron al trono. Después de muchos años, ascendió un Faraón que no recordaba ya a José, un hebreo que había sido un gobernante maravilloso que trajo muchos beneficios a Egipto. Los descendientes de José habían incrementado su número a lo largo de los años. Y el Faraón temió que pudieran hacerse con el poder si surgía una rebelión.

Los hebreos, descendientes de José, comenzaron a ser maltratados por los egipcios. Se les daban los trabajos más difíciles, y después terminaron esclavizados.

Un Faraón muy cruel subió al poder. Este hombre ordenó a las parteras que, si nacían niñas entre los hebreos, las dejaran vivir. Pero si eran varones, ¡debían arrojarlos al río Nilo!

Poco después de esta orden, nació un niño hebreo. Su madre lo escondió lo más que pudo, pero tres meses después, ya no era posible que siguiera escondido. Así que fue a las orillas del Nilo, y colectó carrizos. Trenzó con ellos una canasta, y la cubrió con brea para que el agua no entrara dentro.

La madre acomodó al niño en la canasta, y puso la canasta en el río Nilo. Se le rompía el corazón por perder a su hijo, pero era el único modo de salvarle la vida.

La madre estaba demasiado triste para ver el destino de su hijo, pero su hija Miriam se quedó. Mientras la niña vigilaba, observó a la hija del Faraón y a sus sirvientas preparándose para tomar un baño en el Nilo. ¡Y la hija del Faraón encontró al niño! La princesa sabía que era un niño hebreo nada más verlo, pero lo amó de inmediato. Nadie dañaría al bebé, pues la princesa lo criaría como su hijo.

El bebé debía ser amamantado, así que la princesa envió a una sirvienta a que buscara a una mujer judía que hubiera parido recientemente. La sirvienta encontró a la madre del niño. La princesa le pidió que fuera la nodriza a cambio de dinero.

La mujer lo cuidó hasta que fue destetado. Y lo devolvió a su madre adoptiva, la princesa hija del Faraón. Ella decidió llamarlo Moisés.

Moisés fue criado como un príncipe, tuvo lo mejor que la vida podía ofrecerle. Cuando fue mayor, se enteró de que la princesa no era su verdadera madre, pues había sido adoptado y era hebreo de nacimiento.

Aunque amaba a su familia adoptiva, esto lo hizo reflexionar. Los hebreos eran maltratados, esclavizados en Egipto, mientras que él era mimado y vivía en un palacio hermoso.

Moisés decidió que conocería a su verdadera gente. Mientras paseaba por las obras, vio a un egipcio que daba latigazos a un hebreo que trabajaba despacio. Moisés se sintió tan enojado que golpeó al egipcio, tan fuerte, que éste ya no se levantó más. Moisés, asustado, escondió al egipcio con arena.

El Faraón escuchó sobre el crimen de Moisés. Antes de que fuera castigado, Moisés abandonó el palacio y huyó a las montañas. Aunque extrañaba los lujos de su vida anterior, se decidió a que ahora dedicaría su tiempo a ayudar a su gente.

Moisés se estableció en Madián tras haber burlado al Faraón y a sus hombres. Un día, se sentaba a la orilla de un pozo y conoció a siete hermosas mujeres. Eran hermanas, cuidaban del rebaño y su padre era Ragüel, un sacerdote de Madián. Los pastores varones llegaron al pozo, y empujaron bruscos a las hermanas. Moisés las defendió y echó a los pastores; las ayudó después a darle de beber a todo el rebaño.

Las chicas llegaron temprano a casa, Ragüel les preguntó el porqué. Ellas le dijeron que un hombre de Egipto les había ayudado y defendido. Ragüel invitó a Moisés a su casa para la cena, y él aceptó la invitación; el padre quedó muy agradecido al escuchar la historia de nuevo, y lo invitó a quedarse. Moisés aceptó de nuevo.

Durante su estadía, ¡Moisés se enamoró! Ragüel bendijo el matrimonio de Moisés con su hija Séfora. Poco después les nació un hijo, al que llamaron Guersón.

Capítulo Catorce:
La Zarza Ardiente

(Éxodo, 3)

Mientras Moisés vivía feliz en Madián con su esposa e hijo, un Faraón todavía más cruel que el anterior pasó a gobernar Egipto. Al enterarse de las condiciones en las que vivían sus compatriotas, Moisés supo que debía hacer algo. Era muy peligroso, ¡pero era lo correcto!

Moisés no partió de inmediato, pues necesitaba un buen plan para desafiar al Faraón. Un día, mientras cuidaba de las ovejas de Ragüel en las montañas, vio una zarza en llamas. Lo más extraño, era que la zarza no se quemaba.

Moisés investigó el fuego misterioso, y de pronto escuchó una voz llamándolo por su nombre. ¡La voz venía del arbusto! Moisés respondió, y la voz le dijo:

"No te acerques más; quítate las sandalias, pues el suelo que pisas es sagrado... Soy el Dios de tu padre, el Dios de Abraham y de Isaac." Nueva Biblia Americana Estándar, Éxodo, 3:5-6

¡Moisés estaba tan sorprendido de que Dios le hablara, que ocultó su cara tras las manos! Dios lo tomó como una muestra de respeto hacia él, así que continuó, y le dijo que había visto el sufrimiento de los hebreos en Egipto. Y quería salvarlos de la opresión egipcia, así que deseaba que Moisés fuera su mensajero.

Dios le pidió a Moisés que liberara a los hebreos del yugo egipcio. Debía dirigirse al nuevo Faraón, y exigirle que los liberara. Moisés quería ayudara, pero se resistió: ¡no podría hacerlo, tenía demasiado miedo! Aunque Dios se decepcionó de la reacción de Moisés, todavía lo amó y confió en que él podría hacerlo. Dios le prometió que enviaría a Aarón, el hermano de Moisés, para que lo ayudara en su misión.

Capítulo Quince:

Las Diez Plagas de Egipto

(Éxodo, 6-12)

No sorprendió a nadie que la petición de Moisés y Dios de liberar a los hebreos fuera denegada por el Faraón, que incluso se volvió más cruel. Pero Moisés y Dios no se rendirían. Dios tenía un plan; ya había inundado el mundo, destruido dos ciudades. Probaría con algo distinto esta vez.

Dios envió a Moisés para que hablara de nuevo con el Faraón, que se sentía muy presionado: ¿cómo lo escucharía el Faraón, si ni siquiera le salían las palabras? Dios lo tranquilizó: diría todo a Moisés, Moisés lo diría a Aarón, y él se encargaría de hablar con el Faraón.

La primera fase del plan consistía en mostrarle al Faraón que hablaban en nombre de Dios. Esto seguro lo convencería.

Al hablar Aarón en palacio, lanzó su báculo y Dios lo convirtió en una serpiente. El faraón llamó a sus hombres sabios, que también arrojaron sus báculos para convertirlos en serpientes… ¡Pero no por el poder de Dios! La serpiente de Aarón se comió a las otras, pero aun así el Faraón no les creyó. Estaba demasiado alejado de Dios.

Plaga Número Uno: Un Río de Sangre

Después de consultar con Dios, Moisés y Aarón estuvieron de acuerdo con el siguiente paso: ¡soltarían la primera plaga sobre Egipto! El Faraón bajó al Nilo al día siguiente, donde lo esperaban Moisés y Aarón. Moisés dijo: "¡Suelta a mi gente!". Aarón levantó su báculo sobre el agua, y Dios la convirtió en sangre.

Como consecuencia de esto, todos los peces del río murieron. Nadie podía beberla, ni usarla para regar los campos. Los egipcios se vieron obligados a excavar pozos. El Faraón continuó impertérrito, pues sus magos también podían hacer cosas así. Tras siete días, el Nilo se aclaró.

Plaga Número Dos: Ranas Invaden la Tierra

A continuación, Dios dijo que a menos que el Faraón liberara a su gente, llenaría la tierra de ranas. Un hervidero invadiría la tierra, el Nilo, las casas y el palacio. Moisés gritó: "¡Deja ir a mi gente!". El Faraón se rehusó, y Aarón levantó su báculo sobre el Nilo. Millones de ranas salieron del agua y cubrieron la tierra. Como los magos del Faraón podían hacer lo mismo, él no se quedó impresionado.

El Faraón se cansó pronto de las ranas, así que llamó a Moisés y Aarón para decirles que liberaría a los hebreos si se deshacían de las ranas. Moisés lo comunicó a Dios, y Él comenzó a llevarse a las ranas. Para la mañana siguiente, casi todas las ranas habían desaparecido. El Faraón decidió que seguro las ranas simplemente se fueron, faltó a su promesa y mantuvo la esclavitud hebrea.

Plagas Número Tres y Cuatro: Los Insectos Infestan Egipto

Dios montó en cólera contra el Faraón por su promesa rota. Dios mandó a Aarón a que golpeara la tierra con su bastón. Al hacerlo él, los mosquitos volaron del polvo, cubriendo a cada hombre, mujer y niño. El Faraón ordenó a sus magos que hicieran lo mismo. Ellos no pudieron, y clamaron que se trataba de un poder divino que ellos no poseían. El Faraón, aún así, se negó a escucharlos.

A la mañana siguiente, Moisés y Aarón ya esperaban al terco Faraón junto al Nilo. Dijeron al unísono: "¡Deja ir a nuestra gente! Si no lo haces, cubriremos tu reino con moscas." El Faraón se negó otra vez. Pronto, todo ser viviente en Egipto se desesperaba por quitarse de encima a las moscas.

El Faraón se sintió miserable, harto de espantarse las moscas, y de comer comida con moscas, y llamó a Moisés y Aarón. Les prometió que los dejaría hacer un viaje corto hasta la montaña, para que adoraran a Dios donde había ardido la zarza. En cuanto Dios hizo soplar un viento del cielo y las moscas se fueron, el Faraón cambió de opinión. Los hebreos continuaron de esclavos.

Plagas Número Cinco y Seis: Ganado Maldito y Cuerpos Enfermos

Dios decidió que ya era tiempo de plagas más agresivas. Dios dijo al Faraón que, si no liberaba a los hebreos, todos los animales de rebaño egipcios morirían. El Faraón volvió a negarse.

Para el día siguiente, los animales egipcios yacían sobre el suelo. Los animales hebreos seguían con vida. Pese a esto, el Faraón no dejó que la gente de Moisés y Aarón se fueran libres.

Dios mandó a Moisés a que arrojara puñados de ceniza en presencia del Faraón. Conforme la ceniza flotó por el aire hasta caer en el suelo, forúnculos y llagas surgieron por toda la piel de los egipcios, y sus animales sobrevivientes a la plaga anterior.

El Faraón ordenó a sus magos que replicaran la magia de Moisés. Los magos estaban tan cubiertos de dolorosos forúnculos, que ya no podían realizar ningún hechizo. El Faraón, también cubierto de forúnculos, se negó a dejar ir a los hebreos: aún no creía que era Dios quien enviaba las plagas.

Plaga Número Siete: Granizo, Fuego, y Tormenta

Esta vez, Dios envió granizo, fuego y una tormenta implacable. Todo estaba desastroso en

Egipto, menos en Gosén donde vivían los hebreos. El Faraón se aterrorizó, admitiendo ante los esperanzados Moisés y Aarón, que había sido muy malvado. Si Dios calmaba la tormenta, los dejaría irse. La tormenta fue amainando, el Faraón olvidó su terror... ¡Y se negó a liberarlos!

Plaga Número Ocho: Enjambres de Saltamontes

Dios preguntó al Faraón, por medio de sus profetas, por cuánto tiempo más se rehusaría a creer en Él. ¿Cuándo liberaría a los hebreos? Como el Faraón no mostró señales de humildad, ni deseos de liberarlos, Dios pidió a Moisés que alzara su bastón por todo Egipto. Todo el día ya la noche, un viento sopló desde el este. Por la mañana, la tierra fue invadida por saltamontes.

Los saltamontes cubrieron todo a la vista, comieron todas las plantas, frutas y árboles. El único lugar a salvo, de nuevo, fue Gosén.

El Faraón, hambriento y asustado, llamó a Moisés y Aarón para disculparse por sus pecados, y decirles que se llevaran a los saltamontes. Esta vez, los dejaría marcharse. Dios trajo un viento del oeste para llevarse a los saltamontes. Cuando se fueron, el Faraón cambió de nuevo de opinión: los hebreos debían quedarse en Egipto.

Plaga Número Nueve: La Oscuridad Desciende

Dios dijo a Moisés que alzara su vara hacia el cielo, pues esto dejaría a Egipto en la oscuridad. Por tres días, Egipto estuvo sumida en la más absoluta oscuridad; sin embargo, los hebreos tenían luz con normalidad. El Faraón llamó a Moisés, y quiso hacer un trato: dejaría ir a los hebreos, solo si dejaban sus rebaños en Egipto. Moisés respondió que no, necesitarían a los animales como ofrenda para Dios.

El Faraón despidió a Moisés, gritándole que no quería volver a verlo. Si lo veía de nuevo, lo asesinaría allí mismo.

Plaga Número Diez: La Plaga Final

Dios soltó la plaga más terrible hasta ese momento; no quería hacerlo, pero debía salvar a su gente de la esclavitud. Dios mataría a todos los primogénitos de los egipcios, humanos y animales. Para que los hebreos estuvieran a salvo, debían sacrificar una oveja, y, con su sangre, debían pintar los dinteles de las puertas. Así, la plaga pasaría de largo.

A medianoche, la plaga atacó. Muchos murieron, incluido el hijo del Faraón; lloros desesperados se oyeron por todo Egipto. Los hebreos ya estaban listos para partir. Ya habían cenado, estaban vestidos y preparados para abandonar Egipto. Habían tomado oro, plata y ropas de los egipcios. Y no era robo, era el justo pago por todo su trabajo duro a lo largo de los años.

Capítulo Dieciséis:

Escapando de Egipto

(Éxodo, 13-18)

¡El Mar Rojo se Separa!

Pese a su pena, el Faraón estuvo furioso cuando descubrió que los hebreos huían. Juntó un ejército de seiscientos hombres, y preparó su carro de guerra; persiguieron a los hebreos por el camino.

Moisés guió a su gente por la noche, caminaron lo más rápido que podían. Al llegar a las orillas del Mar Rojo, se detuvieron a descansar un poco. Miraron hacia Egipto, y Moisés vio las nubes de polvo; ¡los egipcios los perseguían! Todos comenzaron a llorar y quejarse... ¡No habían escapado de Egipto, solo para ser capturados y castigados!

Moisés pidió calma, pues Dios los salvaría: Dios dijo a Moisés que guiara a su gente. Él levantó el báculo hacia el mar: un viento fortísimo sopló... ¡El mar se dividía en dos! Todos avanzaron entre las murallas de aguas, el Faraón y su ejército los siguieron, acercándose cada vez más.

Cuando Moisés y su gente estuvieron a salvo, Dios advirtió a Moisés que volviera a levantar el báculo sobre el mar. Los vientos se calmaron, y el océano volvió a su estado original. El Faraón, con sus carros, su ejército, fue barrido por el agua.

Cuando los hebreos vieron todas estas cosas, se alborozaron de contento. ¡Dios los había salvado a través de Moisés, su líder! Y temieron el poder de Dios, pues era muy grande.

Moisés y su gente cantaron una canción de agradecimiento a Dios. Miriam, la hermana de Aaron, lideró a las mujeres en una danza.

"El Señor, mi fortaleza, a Él cantaré. Él es mi salvación. Él es mi salvación, y lo alabaré. El Dios de mi padre, lo ensalzaré... Los carros y ejércitos del Faraón, los ha arrojado a las aguas... Con tu amor y bondad, guías a aquellos que has salvado... El Señor reinará por siempre y para siempre." *(Nueva Biblia Americana Estándar, Éxodo, 15:2-18)*

Un Viaje de Cuarenta Años

Aunque los hebreos eran libres, aún no estaban en casa. Les esperaba un largo, duro camino, pero confiaban en Dios, y en Moisés que los guiaba. A través del desierto, se cansaron, sufrieron calor, y se sintieron más sedientos que nunca.

Después de tres días sin agua en el desierto, ¡llegaron a un oasis! Estaban muy emocionados... hasta que la probaron. Era agua amarga. Moisés oró a Dios, que le mostró un árbol, y le dijo que lo arrojara al lago. Al hacerlo, el agua se aclaró, volviéndose dulce. Todos bebieron muy felices.

Moisés los guió a continuación hasta Elim, ¡un lugar paradisíaco de doce lagos y setenta y tres palmas de dátiles! Allí bebieron, comieron y descansaron. Parecía que se hallaban en el jardín del Edén. Solo que había un problema, no podían vivir solo de dátiles.

Los hebreos ya habían terminado toda la comida que cargaron en Egipto, algunos comenzaban a descorazonarse. Por lo menos en Egipto, tenían carne, y trigo para hacer pan. Muchos se enfadaron con Moisés por llevarlos a un desierto.

Moisés permaneció valiente. Él sabía que estaba haciendo el trabajo de Dios. El camino podía ser duro, pero Dios proveería. Moisés oró a Dios, y Él le dijo que haría que lloviese pan del cielo. Sería una prueba: solo podían recoger lo que pudieran comerse en todo un día. Dios prometió que les daría carne para cenar, y, por la mañana, tendrían pan.

Esa noche, todos observaron algo así como una nube que se acercaba a ellos. Sintieron miedo,

¡pero notaron que era una parvada de codornices! Las codornices cubrieron el campo, y los hebreos pudieron tener una deliciosa cena; se fueron a la cama con el estómago lleno.

A la mañana siguiente, el suelo estaba cubierto por rocío. Al secarse, dejó unos copos blancos. Moisés les dijo que era el pan prometido por Dios, el maná. Les ordenó que recogieran cuanto maná pudieran comer ese día. Pero ellos tuvieron miedo, pues habían pasado mucha hambre por un largo tiempo.

Atemorizados, muchos recogieron más maná del que podían comer. Al día siguiente, ¡las sobras se habían llenado de gusanos! Entonces todos obedecieron, y solo recogían lo que comerían ese día; el resto del maná se derretía con el sol.

Al sexto día, las personas debieron recoger el doble de maná. Lo cocinarían todo, pero solo comerían la mitad. La otra mitad debían guardarla para celebrar el Sabbath. Debían descansar en Sabbath, sin recoger comida, para celebrar que Dios descansó al séptimo día.

Al séptimo día, los hebreos desobedecieron, disponiéndose a juntar maná. Pero este ya no estaba. Moisés se enfadó por la desobediencia a las órdenes de Dios. Por cuarenta años vagaron en el desierto, comiendo el maná que Dios proveía. Finalmente, llegaron a la tierra de Canaán.

El Final del Viaje

Cuarenta largos años en el desierto cansaron y descorazonaron a los hebreos. Nunca encontrarían un hogar, ¡mucho menos agua! Moisés llegó a temerles, pues se ponían muy mal cuando estaban sedientos.

Moisés nunca dudó de su fe. Sabía que Dios proveía. Al orar a Él, Dios le ordenó que se acercara a la montaña de Horeb, llevándose con él a los más ancianos. Allí, le ordenó que golpeara la roca al pie de la montaña con su báculo. ¡El agua brotó de la roca! La fe de todos fue restaurada al mismo tiempo que calmaron su sed.

Cuando Moisés dejó Madián, décadas atrás, su esposa Séfora y sus dos hijos se habían ido a vivir con su suegro, Jetró. Al escuchar Jetró sobre las maravillas ocurridas en Egipto, y las proezas de Dios, se fue a buscar a su nuero.

Jetró lo encontró al pie del Monte Sinaí, y mandó mensajeros para que se lo anunciaran a Moisés. Como su esposa e hijos iban también, Moisés se acercó muy feliz a recibirlos; le hizo una reverencia a su suegro, y después lo besó.

Moisés le contó todo lo ocurrido en Egipto, y los años de vagancia en el desierto. Jetró le dijo que Séfora y los chicos estaban bien; se puso muy contento al saber lo que Dios había obrado a través de Moisés. Con su fe restaurada, Jetró declaró:

"Ahora sé que el Señor es más grande que todos los dioses." (Nueva Biblia Americana Estándar, Éxodo, 18:11)

Jetró hizo sacrificios y ofrendas a Dios. Luego invitó a Moisés, Aarón y los ancianos a una comida.

Al día siguiente, Jetró observó a Moisés solucionando todos los desacuerdos entre las personas. Al preguntarle la razón, Moisés le dijo que era porque hablaba en nombre de Dios, y solo él conocía las reglas. Jetró comentó que eso era demasiado trabajo para una persona, y lo ayudó a seleccionar representantes de entre los hebreos. Las disputas más grandes aún las solucionaba Moisés, pero los nuevos líderes y jueces ya casi podían arreglárselas solos.

Moisés estuvo agradecido con su suegro. Pero no podían quedarse con él para siempre. Se despidieron, y Moisés continuó guiando a su gente.

Capítulo Diecisiete:

Los Diez Mandamientos

(Éxodo, 19-20)

Tres meses después de escapar de Egipto, Moisés llevó a los hebreos al monte Sinaí. Allí tendieron un campamento, y Moisés subió a la montaña, pues Dios le dijo que estaba listo para darle sus leyes.

Antes de que Dios le dijera sus leyes, todos debían prepararse. Moisés les recordó todas las cosas que Dios había obrado por ellos. Todos debían lavar sus ropas, no tenían permitido subir a la montaña, y no podrían abrazarse o besarse.

Al tercer día, truenos, relámpagos y una nube llenaron el cielo y el aire. Trompetas sonaron, todos sintieron miedo. Moisés los llevó al pie de la montaña, pues estaban listos para conocer a Dios.

La montaña se estremeció, y las trompetas sonaron aún más fuerte. El monte sinaí quedó rodeado de humo. Cuando Moisés habló, Dios le respondió mediante truenos. Dios bajó a la cima de la montaña, y Moisés fue a encontrarse con Él.

Dios advirtió que las personas no debían mirarlo directamente, solo los sacerdotes podían acercarse. Por último, Dios habló, y les dio sus Mandamientos.

"No tendrás otros dioses aparte de Mí. No construirás ídolos... No tomarás el nombre de Tu Señor en vano... Respetarás el Sabbath... Honrarás a tu padre y madre... No matarás. No cometerás adulterio. No robarás. No darás falso testimonio, ni mentirás contra tu vecino. No desearás la casa de tu prójimo... su vida... sus sirvientes... sus bueyes o asnos..." (Nueva Biblia Americana Estándar, Éxodo, 20:3-17)

Moisés dejó a Dios, y regresó con su gente. Les habló, diciéndoles que Dios le había dado las diez reglas que debían obedecer. Moisés le dijo, a la atemorizada muchedumbre ante el poder de Dios, sobre estas reglas:

1) Dios es el único Dios.

2) Solo a Dios adorarán.

3) Digan el nombre de Dios con respeto.

4) Siempre descansen el séptimo día.

5) Obedezcan y respeten a sus padres.

6) No asesinen a nadie.

7) Si eres un hombre, no trates de tomar a la esposa de otro. Si eres una mujer, no quieras tomar al esposo de otra.

8) No tomes nada que no te pertenezca.

9) Sé siempre honesto.

10) No tengas celos de las propiedades de otras personas.

Moisés grabó estas reglas en dos losas de piedra. Fueron los Diez Mandamientos. Desde este momento, serían las leyes más importantes para las personas creyentes en Dios. Los hebreos construyeron un arca, mucho más pequeña que la de Noé, para cargar las Tablas de la Ley.

Capítulo Dieciocho:
Josué y Los Espías

(Josué, 2)

Moisés vivió una vida llena de viajes y aventuras; no siempre fue fácil, pero fue grandiosa. Logró más de lo que la gente podía soñar siquiera. Antes de morir, nombró a Josué como el próximo líder, pues moriría antes de alcanzar la Tierra Prometida. Pero como sabía que estaba cerca, y todos encontrarían un hogar, pudo morir en paz después de marcarle el camino a Josué.

Josué eligió a dos hombres como sus espías para explorar las tierras a los alrededores, en especial a Jericó. Dios quería que Jericó fuera purgada del mal.

Los dos espías entraron en Jericó, y el rey se enojó mucho al saberlo. Envió a soldados a buscarlos y capturarlos. Por fortuna, los espías conocieron a una mujer llamada Rahab. Ella tenía mala reputación, pero un buen corazón, y ayudó a ocultar a los espías. Cuando los soldados llegaron a ella, Rahab dijo que los había visto, pero no a dónde se dirigían.

Rahab, después de cerrar la puerta, fue al tejado, donde los había escondido, para llevarles comida y decirles que estaban a salvo.

Rahab lo había escuchado todo sobre los hebreos: su escape desde Egipto, y las batallas que habían ganado en el desierto. Los espías le prometieron que, si Jericó era asediada, ella y su familia estarían a salvo. Solo tenía que colgar una prenda roja de la ventana; así podrían identificarla y ayudarla.

Rahab los ayudó a escapar de Jericó, pues su casa estaba cerca de las murallas de la ciudad. Desde el tejado, tendieron ellos una cuerda y pasaron por encima de la muralla. Rahab les dijo que se escondieran tres días en los montes, así evitarían al ejército que los buscaba, y llegarían seguros con su gente.

Los espías regresaron por fin, y reportaron todo a Josué, que comenzó los planes de asedio. Lo que Dios ordenara, así lo harían.

Capítulo Diecinueve:

La Batalla de Jericó

(Josué, 6)

Cuando los espías se fueron, Jericó fortificó sus murallas. ¡Defenderían su ciudad! Las puertas quedaron muy bien cerradas. Josué oró a Dios, buscando consejo. ¿Cómo entrarían a la ciudad?

Dios le dijo que debía dar una vuelta alrededor de la ciudad, acompañado de su ejército. Harían esto por seis días seguidos. Durante estas marchas, los sacerdotes cargarían trompetas y el Arca de la Alianza con los Diez Mandamientos. Al séptimo día, marcharían nuevamente siete veces mientras los sacerdotes sonaban las trompetas. Todos debían estar en silencio, excepto por las trompetas. Solo cuando Josué lo ordenara, gritarían.

Los seguidores de Josué pensaron que estas

instrucciones eran extrañas, pero decidieron seguirlas aún si les parecían sinsentidos. Marcharon en silencio por seis días.

Al séptimo día, marcharon siete veces Mientras los sacerdotes soplaban en sus cuernos. A la séptima vuelta, Josué gritó: "¡Ahora! ¡Dios nos ha dado la ciudad!" El ejército entero gritó, los sacerdotes sonaron las trompetas... ¡Y las murallas de Jericó se desplomaron!

Josué y su ejército entraron en la ciudad. Ganaron todas las peleas y recolectaron tesoros para ofrecérselos a Dios. Rahab y su familia estuvieron a salvo, pues los ayudaron a empacar y los llevaron a un sitio seguro.

La ciudad de Jericó fue quemada hasta los cimientos. Josué maldijo a la tierra en el Nombre de Dios. Cualquier hombre que quisiera reconstruir la ciudad, lo haría con un gran esfuerzo. El nombre de Josué se volvió famoso por todas las tierras cercanas.

Capítulo Veinte:

La Batalla de Gedeón

(Jueces, 6-8)

Después de la muerte de Josué, los hebreos no tenían líder. Trataban de obedecer las leyes de Dios, pero los acosaban demasiadas tentaciones. Cuando vieron a otros que no obedecían, los imitaron. Sabían que hacían mal, pero no podían resistirse.

Por siete años, los hebreos fueron superados por los madianitas; les robaban la comida, los animales, arruinaban sus campos, y los herían.

Aunque las personas se habían alejado, no olvidaban a Dios, y lo llamaron en su tiempo de necesidad. Dios les recordó cuánto los amaba, cómo los había salvado de la esclavitud, y cuán enojado estaba con ellos por haberlo desobedecido.

A pesar de su enojo, Dios era como cualquier padre; los ayudaría a volver al camino correcto, así que envió un ángel a Gedeón, un joven hebreo. El ángel le comunicó que él sería el destinado a salvar a su gente. ¡Gedeón no lo creyó! Era el más joven de todos los hijos de su padre, así que nadie le prestaba mucha atención. Además, su familia no era muy distinguida entre los hebreos.

Gedeón sentía que todo era un error, y así se lo dijo al ángel; el otro le aseguró que así lo deseaba Dios. Gedeón pidió al ángel que lo esperara, pues quería hacerle una ofrenda a Dios; quizás, en la ofrenda, obtendría un signo directo de Dios.

Gedeón preparó una comida, y regresó con el ángel, que le dijo debía poner el pan y la carne sobre una roca. Después, que vertiera la sopa sobre la roca. Cuando Gedeón hizo esto, ¡la roca se incendió! El fuego devoró las ofrendas, y el ángel desapareció.

Ahora, ¡Gedeón confiaba! ¡Salvaría a sus

compatriotas de los madianitas! Gedeón construyó un altar a Dios en el punto de la roca incendiada.

Esa noche, de acuerdo a las órdenes de Dios, Gedeón reunió toros y sirvientes. Juntos, destruyeron los altares dedicados a otros dioses. Por la mañana siguiente, todos estaban muy enojados por los altares destrozados. Comenzaron los interrogatorios, y pronto se supo que el culpable era Gedeón.

Joás, padre de Gedeón, defendió a su hijo diciéndoles que se fueran a rezarles a sus falsos dioses, y les pidieran se tomaran venganza sobre Gedeón. No sucedió nada, pues Dios era el único Dios.

Gedeón envió mensajeros a todas partes, con el mensaje de que necesitaba gente valiente que quisiera luchar contra los madianitas. Treinta y dos mil personas se juntaron al pie del monte Gilead, y Dios dijo a Gedeón que eran demasiados. Dios quería que su gente supiera que los guiaba a la victoria, no que quería un ejército enorme.

Bajo el mando de Dios, Gedeón pidió que cualquiera que sintiera miedo, se fuera. Quedaron solamente diez mil personas, pero Dios seguía pensando que eran demasiados, así que le susurró otra prueba.

Gedeón ordenó que lo acompañaran hasta una corriente de agua. Allí, les dijo que bebieran. Los que se arrodillaron a beber fueron enviados a sus casas. Los que usaron sus manos como copas, se quedaron al ejército. Solo quedaron trescientos hombres, que empacaron la comida y las armas. ¡Estaban listos!

Esa noche, a escondidas, Gedeón bajó con su sirviente Purá al campamento de los madianitas y amalequitas, los enemigos. Los escucharon admitir que tenían miedo, pues un hombre había tenido un sueño: en el sueño, alguien arrojaba una hogaza de pan contra una de las tiendas, y ésta se derrumbaba sin más. El amigo del hombre interpretaba el sueño, como que Dios le había concedido ya el campamento madianita a Gedeón.

Gedeón volvió a su campamento, y les comunicó a todos que Dios ya les había dado el campamento madianita. Dividió su ejército en tres: a todos se les dio una trompeta, y jarros para cubrir las antorchas. El ejército rodearía el campamento madianita. Cuando Gedeón sonara su propia trompeta, todos debían sonar las suyas, y gritar: "¡Por Dios, y por Gedeón!"

Al llegar al lugar y colocarse, Gedeón sonó su trompeta. Todos lo imitaron, rompiendo los jarros para iluminar la noche con sus antorchas. Gritaron: "¡Una espada para Dios y Gedeón!"

Entre la confusión de sonido y luces repentinas, ¡los madianitas se confundieron y comenzaron a atacarse unos a otros! Después huyeron, aterrorizados.

¡Gedeón y su ejército vencieron la batalla sin tener que usar la violencia!

Capítulo Veintiuno:
Sansón y Dalila

(Jueces, 13-16)

Manoa era un hombre que vivía en Israel. Él y su esposa no podían tener hijos, y rezaron a Dios para que los bendijera con uno. Un ángel visitó a la esposa de Manoa, ¡y le comunicó que tendría un hijo!

Manoa quedó tan emocionado por la noticia, que rezó por el regreso del ángel. Ansiaba preguntarle qué clase de educación debía darle a su hijo, para ser un padre excelente. El ángel regresó y les dijo que debían criar a su hijo para que fuera un servidor de Dios. El niño crecería grande y fuerte. Nunca debía beber alcohol, y debía alimentarse únicamente con comida sana. Para mostrar su dedicación a Dios, su cabello jamás sería cortado.

Cuando Manoa y su esposa fueron bendecidos con el niño, lo llamaron Sansón.

Sansón formaba parte de los nazareos, famosos en todo Israel por ser mucho más grandes y fuertes que el resto de los hombres. Un nazareo era un hombre que tomaba votos de dedicación a Dios.

Aunque Sansón prometía seguir a Dios toda su vida, a veces tenía problemas para cumplirlo. Era muy valiente, y siempre estaba dispuesto a ayudar a todos los que lo necesitaran. Pero también tenía mal genio, y solía ser más violento de lo necesario. Esto no era siempre su culpa, pues su fuerza era difícil de controlar.

Sansón se enamoró de una mujer filistea llamada Timná. Incluso, Sansón mató a un león para protegerla. Se casó con ella y dio una gran fiesta. Durante la fiesta, él retó a los hombres con un acertijo que pensó jamás resolverían. Timná cometió el error de darles la respuesta a los hombres.

En un arrebato de cólera, Sansón abandonó la casa, sintiéndose muy traicionado. Para cuando entró en razón, los filisteos habían tomado a Timná para casarla con otro hombre. Sansón estaba devastado y viajó a otra tierra para olvidarse de la esposa que había perdido por culpa de su mal genio.

Cuando Sansón estuvo en Gaza, escuchó que los hombres planeaban lastimarle. Entonces arrancó las puertas cerradas de la ciudad, ¡y las cargó hasta la montaña!

Sansón extrañaba a su esposa, pero no pudo recuperarla nunca. Eventualmente, se enamoró de otra mujer llamada Dalila, una filistea que vivía en el valle de Sorec. Sansón era un buen hombre, pero no tenía buen gusto en mujeres; los jefes de los filisteos se acercaron a ella y le ofrecieron mucha plata a cambio de que averiguara el secreto de la fuerza sobrehumana de Sansón.

Dalila preguntó a Sansón por qué era tan fuerte. Como él no confiaba lo suficiente en ella, le dijo que si era atado con siete cuerdas nuevas sin secar, perdería toda su fuerza. Esa noche, cuando Sansón estuvo dormido, Dalila llamó a los filisteos. Lo ataron con cuerdas nuevas y luego ella gritó como si quisiera prevenirlo del ataque. Sansón despertó y con facilidad rompió las cuerdas.

Dalila fingió que se entristecía por la mentira de Sansón. ¡Pero solo estaba triste porque aún no le pagarían! Dalila preguntó de nuevo a Sansón, que le dijo que si lo ataban con cuerdas que no hubieran atado nunca a nadie, perdería su fuerza.

Dalila reportó una vez más a los filisteos, que lo ataron usando cuerdas que no habían sido usadas en nadie más. Se escondieron, y cuando Dalila gritó: ¡Sansón, los filisteos han venido a atacarte!" ...¡No tuvieron oportunidad, pues Sansón se liberó!

Como no era de las que se rendían con facilidad, Dalila puso pucheros, insistiendo en que quería conocer la razón de su fuerza. Sansón le respondió: si separaban su cabello en siete secciones con un peine, y las aseguraban con broches, se volvería tan débil como un hombre común.

Dalila y los filisteos intentaron de nuevo esa noche. Ella trenzó el cabello de Sansón en siete trenzas. Luego gritó, y Sansón volvió a liberarse.

¡Quería su dinero! Así que Dalila lloró a su hombre: ¡lo amaba tanto, y él sólo le mentía! Suplicó y suplicó, hasta que Sansón se cansó de sus lágrimas. Él confesó a Dalila que era un nazareo prometido a Dios. Por eso era tan fuerte. Si le cortaban el cabello, que nunca le habían cortado, sería tan débil como los demás.

Dalila supo que por fin le decían la verdad, y así se lo dijo a los filisteos. Ellos trajeron toda la plata prometida. Cuando Sansón se quedó dormido, Dalila le cortó el cabello con ayuda de un hombre; terminaron rapándolo por completo.

Dalila gritó: "¡Sansón, vienen los filisteos!". Sansón despertó, pero no sabía que todo había cambiado. Los filisteos lo capturaron y llevaron a prisión. Sansón ya no tenía su fuerza de siempre para liberarse.

Los filisteos podían ser sagaces y crueles, pero no eran muy listos. Olvidaron que el cabello crece. Mientras Sansón estuvo en prisión, ¡su cabello creció junto con su fuerza!

Los filisteos planearon una celebración para Dagón, su dios; sería muy divertido si Sansón asistía también. Así mostrarían a todos que habían vencido al hombre más grande y fuerte del mundo. Para hacer burla de su poca fuerza, encargaron a un niño que fuera su guía. Sansón preguntó al niño si podía recargarse en las columnas para descansar.

Mientras tres mil filisteos se regocijaban en su desgracia, la fe de Sansón permanecía fuerte. Oró a Dios, pidiéndole que se acordara de él, y le devolviera la fuerza una última vez. Quería castigar a los malvados, y ya no le importaba su propia vida.

Dios concedió el último deseo de Sansón: él empujó los pilares del templo con toda su fuerza, y todo el edificio se vino abajo. Sansón fue aplastado, pero en su muerte se llevó a más filisteos de los que había matado en batalla. La familia de Sansón recuperó su cuerpo, y lo enterraron en su tierra.

La muerte de Sansón es muy triste, pero puso fin a su sufrimiento. Dios le permitió vengarse en sus últimos momentos, y que así eliminara a miles de personas malvadas. ¡Es un final del que cualquier guerrero estaría orgulloso!

Capítulo Veintidós:

Noemí y Rut

(Rut, 1-5)

Elimelec viajó con su esposa Noemí y sus dos hijos, Majalón y Guilyón. Después de que se establecieron en Moab, Elimelec falleció. Majalón y Guilyón se casaron con dos mujeres moabitas, Orfa y Rut. Vivieron juntos, felices, por diez años.

Por desgracia, tanto Majalón como Guilyón murieron. Noemí estaba muy apenada. Ahora que había perdido a todos sus hombres, decidió que seria más feliz si regresaba a Israel. Así por lo menos estaría con su gente.

Orfa y Rut ayudaron a Noemí en su viaje. Al llegar a una parte del camino, Noemí las besó y les dijo que las amaba. Pero que debían volver a su tierra; podrían volver con sus padres, y hasta casarse de nuevo. Con Noemí, nada les quedaba. Ojalá pudiera darles nuevos esposos, pero ya era demasiado vieja para tener hijos.

Orfa se despidió, llorosa, y dejó a su cuñada y suegra. Rut se negó a abandonar a Noemí. La abrazó con fuerza y prometió no dejarla ir sola, nunca. Noemí la urgió a que siguiera a Orfa, pero Rut la apretó aún más fuerte, y le prometió:

"A donde quiera que vayas, yo iré, y donde tú vivas, viviré yo. Tu gente será mi gente, y mi Dios, tu Dios." (Nueva Biblia Americana Estándar, Rut, 1:16)

Noemí vio que no podría hacerla cambiar de opinión, y aceptó agradecida su compañía. Amaba a su nuera como si fuera su propia hija. Las dos mujeres continuaron hasta llegar a Belén. En Belén, todos saludaron a Noemí como viejos amigos. Ella estaba feliz de estar en casa, pero aún se entristecía por su esposo e hijos.

Las mujeres llegaron justo cuando iniciaba la cosecha de cebada. Era legal en este tiempo, que los pobres pudieran llevarse los granos que sobraban durante la cosecha. Rut pidió permiso a Noemí para ir a recoger grano, y Noemí dijo que sí.

Mientras estaba en el campo, Rut conoció a Booz, el rico dueño de los campos... ¡Resultó ser primo de Elimelec! Booz era un hombre muy amable, y permitió a Rut que recolectara en los campos junto a los trabajadores, o que bebiera de los jarros junto con las demás chicas.

Rut preguntó a Booz por qué era tan amable. Él respondió que había escuchado que su primo e hijos habían fallecido. Sabía también del regreso de Noemí, y de lo amable que era ella. Rut intentó agradecerle, y Booz la invitó a que desayunara con los trabajadores.

Después del desayuno, Rut volvió a los campos mientras Booz daba instrucciones a sus trabajadores de que fueran amables con ella: no dirían nada desagradable, y tirarían puñados de grano para que ella los recogiera. Cuando tuviera sed, compartirían su agua con ella.

Esa noche, Noemí quedó muy sorprendida ante la cantidad de grano que traía Rut; bendijo la generosidad de quien quiera que la había ayudado. Se quedó muy feliz cuando Rut le contó sobre Booz y su amabilidad, agradeció a Dios por tener un pariente tan amable.

Rut continuó yendo a los campos de Booz a colectar grano. Ella y Noemí comieron muy bien esa temporada, y Booz vio el esfuerzo dedicado que Rut hacía porque no le faltara nada a su suegra. Él se quedó muy impresionado con su lealtad y amabilidad, ¡y se enamoró de ella!

Booz quería casarse con Rut, solo que había un problema. Rut era la viuda del hijo del primo de Booz. Había otro primo en Belén, aún más cercano a Noemí. Esto concedía al otro primo el derecho de casarse con Rut. Noemí tenía un pedazo de tierra, que fuera antes de Elimelec, lista para vender. El otro primo tenía derecho también a comprarla. Con la compra de la tierra, venía la obligación de casarse con Rut.

Booz pidió a los diez líderes de Belén que se reunieran con él, e invitó también al otro primo. Booz preguntó al primo si deseaba comprar la tierra. El otro respondió que sí. Booz le recordó que, si compraba la tierra, debía casarse también con Rut.

El primo de Booz cambió de opinión. Quería la tierra, ¡pero aún no se sentía listo para casarse! Booz, viendo que el joven rechazaba su derecho, anunció que él compraría la tierra y se casaría con Rut. Los ancianos aceptaron esto, y bendijeron sus intenciones.

Booz y Rut se casaron. Legalmente, ahora Rut podía considerar a Noemí como su madre. Noemí se fue a vivir con Booz y Rut. Ellos fueron bendecidos con un hijo, al que pusieron Obed. Las mujeres de Belén se regocijaban ante el cariño entre Rut y Noemí, y de lo feliz que estaba la abuela por poder cuidar de su nieto.

"Este niño será para ti tu consuelo y tu sustento en tus últimos años; pues tiene por madre a tu nuera, que te quiere y vale más para ti que siete hijos." (Nueva Biblia Americana Estándar, Rut, 4:14-15)

Capítulo Veintitrés:
Una Voz en la Noche

(Samuel I, 1-3)

Elcaná se casó con dos mujeres: Peniná y Ana. Peniná le dio hijos a Elcaná, pero Ana no podía. Elcaná amaba a Ana, pero Peniná era mala con ella: se burlaba de ella por su falta de hijos.

Ana, más que a nada en el mundo, deseaba un bebé. Cada año, Elcaná viajaba al templo en Siló, para orar a Dios y ofrecerle sacrificios. Elcaná ofrecía porciones de carne a Peniná y a los niños, pero Ana se quedaba muy triste, llorando tanto que apenas podía comer.

Una noche mientras Ana rezaba en el templo, Dios le prometió que daría a luz a un hijo. Lo pondría al servicio de Dios en el templo por toda su vida. Un sacerdote llamado Elí la vio rezar. Como estaba muy alterada, él pensó que seguro

Ana estaba borracha. Ella explicó a Elí que estaba muy triste, y rezaba por un hijo. Elí le prometió que Dios escucharía sus plegarias.

A la mañana siguiente, la familia de Elcaná adoró a Dios por última vez antes de volver a su casa en Ramá. Pronto, ¡Ana dio a luz a un niño! Estaba muy feliz, y le puso Samuel.

Elcaná volvió a ir al templo al año siguiente, pero Ana se negó a acompañarlo. No iría de nuevo sino hasta que el niño fuera destetado.

Cuando Samuel fue lo suficientemente mayor, Ana lo llevó al templo, llevando consigo un toro joven, harina y vino. Elí no reconoció a Ana, pero ella le recordó quién era, y le presentó a su hijo Samuel. Estaba lista para cumplir con su promesa a Dios. Samuel entraría al servicio del Señor, e iniciaría como aprendiz de Elí

Aunque Ana se quedó triste al despedirse de Samuel, estaba muy agradecida de haberlo tenido, así que cantó una canción de alabanza y gracias a Dios.

"El Señor empobrece y enriquece;Él humilla, pero luego levanta.Saca del polvo al pequeño,y retira al pobre del estiércol para que se siente entre los grandes, para darle un trono de gloria."(Nueva Biblia Americana Estándar, Samuel I, 2:7-8)

Elí estaba muy feliz de que el joven Samuel fuera a ayudarlo. Elí ya era viejo y se estaba quedando ciego. Además, Samuel era bueno, mientras que sus hijos eran muy malos pues no seguían las reglas de Dios. Cuando las personas ofrecían la carne de los sacrificios, ¡ellos se la robaban! Y hacían muchas otras cosas contra Dios y su gente: siempre iban hombres a contarle las malas acciones de sus hijos. Elí era un bueno hombre, pero no era muy valiente, así que jamás se atrevió a detenerlos de sus acciones malvadas. Como Elí no deseaba abandonar el templo, no podía controlarlos.

Cada año, cuando Elcaná y la família visitaba el templo, saludaban con gusto a Samuel; Ana le traía una nueva túnica en las visitas, para hacerle saber lo agradecida que estaba de que fuera su hijo. Elí siempre les otorgaba una bendición a Elcaná y Ana.

"Que el Señor te dé más hijos de esta mujer, en el lugar del que ella dedicó al Señor. (Nueva Biblia Americana Estándar, Samuel I, 2:20)

¡Ana y Elcaná fueron bendecidos con cinco hijos más, tres niños y dos niñas! Peniná ya no podía burlarse más de Ana. Ana era muy feliz con su esposo e hijos, pero no se olvidaba nunca de Samuel. Lo amaba con todo su corazón, y pensaba cada día en él.

Samuel crecía para convertirse en un joven maravilloso. Dios lo favorecía, y era querido por todos los que lo conocían. Una noche, Elí y Samuel dormían a pierna suelta. Entonces, Samuel escuchó una voz que lo llamaba: "¡Samuel!". Samuel se levantó de la cama y fue con Elí para preguntarle qué necesitaba. Elí dijo que no lo había llamado, y lo mandó a la cama.

La voz llamó de nuevo: "¡Samuel!". Samuel se acercó a Elí de nuevo. Elí le repitió lo mismo, extrañado. A la tercera vez que esto sucedió, Elí entendió lo que sucedía: ¡Dios quería comunicarse él!

Elí explicó a Samuel que Dios estaba hablándole; como Samuel respetaba y confiaba en Elí, creyó de inmediato en sus palabras. Si Dios lo llamaba de nuevo, Samuel debería de contestarle, y escuchar sus palabras. Dios llamó de nuevo, y Samuel hizo como Elí le dijo.

Dios dijo a Samuel que la estirpe de Elí terminaría con él. Sus hijos malvados no tendrían descendencia porque eran pecadores. Y esto también era un castigo para Elí, por no haberlos detenido en sus ofensas contra Dios.

A la mañana siguiente, Elí quiso saber el mensaje de Dios. Samuel quería mucho a Elí, y no quiso herir sus sentimientos. Elí pidió que le dijera la verdad, aunque fuera dolorosa. Samuel se lo contó todo; Elí recibió las noticias con resignación: confiaba en que Dios sabía mejor que nadie sobre lo bueno y lo malo.

Samuel creció, hasta ser conocido por todas las tierras de Israel como un profeta de Dios. A lo largo de su vida, Dios continuaría visitándolo, y hablando a través de él.

Capítulo Veinticuatro:
El Primer Rey de Israel

(Samuel I, 8-10)

Dios Advierte a Samuel

Israel era la tierra de los hebreos. Y ellos deseaban un rey que los gobernara. Samuel, el profeta, era conocido como el hombre más sabio entre los hebreos. Todos lo escuchaban, y venían a pedirle consejo pues Dios estaba con él. Cuando Samuel envejeció, encomendó a sus dos hijos la tarea de ser los líderes de Israel. Por desgracia, los hijos de Samuel, Joel y Abiyá, no seguían a Dios, y se parecían más a los hijos del difunto Elí: aceptaban sobornos y no eran nada justos.

Entonces, los hebreos vinieron a Samuel para pedirle un rey. Necesitaban uno porque Joel y

Abiyá eran malos. Samuel oró a Dios para pedirle su consejo: Dios se enfadó con los hebreos pues, después de todo lo que Él había hecho por ellos, ¿ahora querían homenajear a un rey en su lugar? Dios advirtió de los peligros que implicaba tener un rey que los gobernara.

"Escucha todo lo que te dice este pueblo, porque no es a ti a quien rechazan, sino a Mí. Ya no quieren que reine sobre ellos. Actúan contigo, como lo han hecho siempre conmigo, desde el día que los saqué de Egipto, cuando me abandonaron y sirvieron a dioses extranjeros." *(Nueva Biblia Americana Estándar, Samuel I, 8:7-8)*

Samuel les habló. Explicó que un rey lo tomaría todo para él y su familia. Un rey tomaría las mejores cosechas y los mejores animales, los mejores sirvientes, y a las más hermosas de entre sus hijas para que trabajaran en su palacio.

Ellos no lo escucharon las palabras de Dios a través de Samuel. Querían un rey para ser como los demás países; un rey que los liderara en la guerra, y les hiciera ganar muchas batallas. Dios cedió.

Le dijo a Samuel que les escogiera un rey. Pero si el rey no era justo con ellos, no debían esperar que Dios los salvara, pues Él ya los había puesto sobre aviso.

La Búsqueda de Saúl

Saúl era el hombre más alto y guapo de la tierra de Benjamín. También era bueno, justo, y todos lo querían. Solían pensar que Saúl tenía un brillante futuro por delante. Un día, los burros del padre de Saúl, Quis, se perdieron por el campo, así que Quis encargó a Saúl que fuera a buscarlos con la ayuda de un sirviente.

Saúl y su sirviente viajaron por muchas tierras en busca de los burros perdidos. Cuando llegaron a Suf, Saúl decidió que ya era hora de irse a casa. A estas alturas, Quis ya estaba más preocupado por su hijo que por los burros. El sirviente habló a

Saúl sobre un hombre sabio del que había escuchado hablar. Este hombre, un profeta, les daría consejo sobre su búsqueda de los burros, y sobre el mejor camino para ir a casa.

Saúl y el sirviente fueron a la ciudad donde vivía Samuel. Les dijeron que Samuel estaba allí, pero se disponía a irse a la montaña para hablar con Dios. Tomando el consejo de las mujeres con las que habían hablado, Saúl y su servidor se apresuraron hacia la ciudad. En las puertas, de la ciudad, ¡se toparon con Samuel!

Dios les Envía un Rey

El día anterior a que Saúl y su sirviente llegaran a la ciudad, Dios le habló a Samuel. Dijo que enviaría a un hombre de Benjamín, y que ése sería el rey de Israel.

Cuando Samuel vio a Saúl, dios le dijo: "¡Ese es el futuro Rey de Israel!" Saúl se le acercó, pidiéndole instrucciones sobre cómo encontrar al profeta. Samuel le respondió que él era el profeta, y lo invitó con él a la montaña para orar y ofrecerle sacrificios al Señor. A la mañana siguiente, Saúl podría irse.

Antes de que Saúl le preguntara por los burros, Samuel se adelantó a decirle que ya habían sido encontrados, que no se preocupara más por ellos. Ahora, Samuel le tenía una tarea más importante.

Cuando Samuel llevó a Saúl a cenar, lo sentó a la cabecera de la mesa, sirviéndole una ración especial de comida. Saúl no estaba acostumbrado a que lo trataran con respeto, pues era de la tribu de Benjamín, la tribu más pequeña de Israel.

A la mañana siguiente, ambos se levantaron muy temprano al amanecer, y Samuel llevó al muchacho a las afueras de la ciudad. Cuando pasaron justo debajo del arco de las puertas, Samuel sacó un frasco de aceite y le ungió la cabeza. Luego, lo besó. Samuel explicó que Dios lo había seleccionado como el rey elegido de Su pueblo.

Dios, a través de Samuel, dio instrucciones a Saúl sobre su próximo viaje. Debía encontrarse con dos hombres en la tumba de Raquel. Esos hombres le dirían que los burros de Quis, su padre, ya estaban a salvo. Quis estaba muy preocupado por su hijo. Después de esto, debía subir a lo alto del monte Tabor, donde conocería a otros tres hombres. Uno llevaría consigo a tres niños, el otro cargaría tres hogazas de pan, y el último llevaría una botella de vino. Los hombres saludarían a Saúl, y le darían dos de las hogazas de pan.

Samuel le dijo por último que después tomara rumbo hacia la montaña de Dios. Habría filisteos reunidos allí. Conforme avanzara a la ciudad, se encontraría con un grupo de profetas tocando instrumentos y predicando la palabra de Dios. Con estos hombres, Saúl hablaría también de la palabra de Dios, y se transformaría en un hombre nuevo.

Samuel le dijo que, si todas estas cosas le sucedían en el camino, entonces era porque en verdad era el rey elegido por Dios. En siete días, Samuel acudiría a su lado para ayudarlo a gobernar.

Saúl se marchó hacia su viaje. Fue a la tumba de Raquel, el monte Tabor, y el Monte Sagrado. ¡Todo sucedió tal como Samuel predijo!

Como prometió, Samuel acudió con Saúl trascurridos los siete días. El profeta reunió a todas las personas de Israel, y les anunció que Saúl sería el rey que Dios eligió para ellos. Casi todos estaban muy contentos, pues ansiaban un rey, ¡y Dios les había otorgado uno!

Otros, sin embargo, estaban muy molestos. No pensaban que Saúl fuese lo suficientemente importante como para ser ascendido a rey de Israel. Juzgaban sus orígenes, y a su familia. Entonces, no le llevaron regalos para honrarlo. Saúl, benévolo como era, no los castigó por su insolencia.

Capítulo Veinticinco:
David y Goliath

(Samuel I, 17)

Los filisteos e israelitas acampaban en dos campamentos, los separaba sólo un valle. ¡Se preparaban para la batalla! Entre los filisteos, había un gigante llamado Goliath. Medía diez pies de alto, y vestía un yelmo y coraza de bronce. Se armaba con una lanza. Era un guerrero tan importante, que un sirviente se encargaba de llevarle el escudo.

Goliath era muy violento, y amaba pelear. Era famoso por ser invencible, y su sola presencia paralizaba de terror a sus enemigos. Goliath gritó a los israelitas, invitándolos a combatirlo en un duelo de uno a uno. Confiaba tanto en sus habilidades, que declaró que si un israelita lograba vencerlo, ¡los filisteos serían sus sirvientes! Si sucedía lo contrario, bueno, los israelitas serían esclavos de los filisteos.

El rey Saúl lideraba a sus hombres; la verdad es que todos tenían miedo de Goliath, y ninguno pensaba enfrentarse a él. Goliath continuó gritando el mismo desafío, todos los días, por cuarenta días y cuarenta noches. El rey Saúl prometió que quien venciera a Goliath sería recompensado con riquezas, y la mano de su hija, la princesa de Israel.

Jesé tenía cuatro hijos. Tres estaban en el ejército, pero el menor de ellos vivía en casa, cuidando de las ovejas y de su padre anciano. Un día, Jesé encargó a David que llevara comida a sus hermanos mayores, y recopilara las noticias más novedosas de la batalla.

David tomó la comida y caminó hacia el campamento en la montaña. Cuando sus hermanos salieron a recibirle la comida, David escuchó el desafío de Goliath. Como tenía mucha curiosidad sobre Goliath, se acercó para verlo mejor. Y oyó también sobre la recompensa que el rey Saúl daría al vencedor.

David era joven, pero muy valiente. Decidió que aceptaría el desafío de Goliath. Los soldados lo llevaron ante el rey Saúl, que dudó que un muchachito fuera capaz de acabar con el gigante. ¡Goliath ya asesinaba hombres mucho antes de que David naciera!

David estaba muy seguro de sí mismo. Dijo que, aunque era un pastor, ¡estaba listo para la batalla! Cuando cuidaba ovejas, continuó David, peleaba contra leones y osos: tenía a Dios de su lado, mientras que Goliath no tendría a nadie. Dios lo protegería en su batalla contra Goliath.

El rey Saúl se rindió, entonces. No confiaba en que lo vencería, pero por lo menos el muchachito había sido más valiente que todos sus hombres juntos. Saúl oró a Dios para que protegiera a David, y le dio su propia armadura.

David comprobó que la armadura del rey era demasiado pesada, ni siquiera podría moverse. Entonces la dejó en su sitio, y se acercó al río para recolectar cinco piedrecillas. Luego tomó su honda, y una vara.

Goliath soltó una carcajada cuando vio venir al campeón de los israelitas. ¡Era un muchachito! Le hacía gracia que David cargara también con una vara: "¿Es que soy acaso un perro?", le gritó Goliath. David respondió que él tenía armas, pero él tenía a Dios de su parte.

Goliath cargó hacia David con su espada levantada, comenzando así la batalla. David escogió una de las piedrecillas, la puso en su honda, y apuntó. David tenía una excelente puntería... ¡La piedra golpeó a Goliath justo en la frente! Goliath, lentamente, cayó al suelo y no volvió a levantarse. David se acercó al gigante caído; tomó su propia espada, y le cercenó la cabeza.

Los filisteos quedaron aterrorizados: ¿cómo un muchachito, un simple pastor, había vencido a su mejor guerrero? Se dieron media vuelta, y huyeron entre los gritos de victoria de los israelitas.

Capítulo Veintiséis:

La Amistad de David y Jonatán

(Samuel I, 18-20)

La Corte del Rey Saúl

Después de la Victoria de David, el muchacho fue invitado a vivir en la corte del rey Saúl. Allí, David rápidamente se hizo amigo de Jonatán, el hijo de Saúl. Los dos se amaban como hermanos. Siendo un príncipe, Jonatán contaba con todo lo que pudiera desear, y estaba muy feliz de poder compartirlo todo con su nuevo amigo.

Ya que había sido el hombre que venció a Goliath, Saúl lo envió muchas veces a la guerra. David era un hombre muy guapo; esta característica, junto con sus victorias en la guerra, lo volvió tremendamente popular entre las mujeres de la corte. Cuando David volvía, las mujeres bailaban, tocaban instrumentos musicales, y cantaban así:

"Saúl mató a mil, y David mató a diez mil."
(Nueva Biblia Americana Estándar, Samuel I,
18:7)

Esto hizo que el rey Saúl se pusiera celoso. ¡Él era el rey, pero David era más admirado que él! Un día, Saúl no pudo contenerse mucho más. Mientras David tocaba el arpa para él, ¡Saúl le arrojó una lanza!

Por suerte, la lanza no alcanzó a David. El rey Saúl continuó alimentando el odio en su corazón, y David sintió miedo de él. El rey no entendía por qué David era tan amado por Dios, mientras que parecía olvidarse completamente de él.

El rey puso a David al frente de un ejército de mil hombres. No lo hizo por mera bondad, sino por miedo. El rey esperaba que David se fuera a combatir lejos, y que lo mataran en batalla. Sin embargo, David no hacía más que ganar las batallas, e incrementó el amor y respeto que todos en Israel sentían por él.

El rey Saúl contempló cómo su tiro le salía por la culata. Volvió a conspirar contra David. Prometió que, si conseguía matar a mil filisteos en la batalla, se casaría con Merab, su hija mayor. Una vez más, Saúl confió en que David perecería en la guerra.

David regresó sano y salvo una vez más. Pero el rey Saúl lo traicionó, pues le dio en matrimonio, a Adriel, a su hija Merab.

Mical, la otra hija del rey Saúl, estaba enamorada de David. Mical confesó sus sentimientos a su padre, el rey; él prometió que, si David mataba a mil filisteos más, Mical podría casarse con David.

El plan del rey fracasó de nuevo. ¡David regresó a casa tras haber matado no sólo a mil filisteos, sino a dos mil! Esta vez, Saúl mantuvo su promesa, y Mical y David se casaron. Saúl estaba furioso. ¡No solo Dios prefería a David, sino que ahora hasta su hija lo hacía también!

El rey Saúl se cansó de sus intrigas secretas, así que anunció delante de sus servidores, y de su hijo Jonatán, que ansiaba asesinar a David. Jonatán se quedó muy alterado. Amaba a su padre, pero... David era su mejor amigo: ¡eran como hermanos!

Jonatán fue a avisarle a David de lo que su padre planeaba. Juntos, elaboraron un plan. A la mañana siguiente, David se levantaría temprano para esconderse. Jonatán pasearía con su padre por los campos, para sonsacarle así más información respecto a la futura muerte de David.

Jonatán trató de razonar con su padre. Le recordó los actos de valentía que David llevara a cabo en su nombre, de lo mucho que había ayudado al reino de Israel. Las palabras de Jonatán afectaron mucho a Saúl; se sintió arrepentido de sus acciones contra David, y le prometió a su hijo que David no sufriría ningún daño. Jonatán fue entonces a comunicárselo a David.

La paz no duraba mucho aquellos días. David fue enviado de nuevo a luchar, y regresó victorioso. Esto fue demasiado para el rey Saúl. La maldad penetró en su corazón. Cuando de nuevo David le tocaba el arpa, el rey le arrojó otra lanza. Su tino falló, y David escapó.

Esa noche, Mical instó a su esposo a que huyera, pues era el único modo de salvarle su vida. Antes de irse, David colocó un envoltorio de pieles en su cama, bajo las sábanas. Cualquiera que entrara, pensaría que era David que dormía. Cuando todo estuvo listo, Mical ayudó a David a descolgarse por la ventana del palacio; la princesa sabía que los espías vigilaban las puertas de los aposentos.

El rey Saúl envió a sus espías para que le trajeran a David. Al ser engañados por las pieles, y por Mical misma, los espías regresaron a decirle al rey que David yacía en cama, muy enfermo. Cuando el rey fue a comprobarlo por sí mismo, se dio cuenta de que David lo había engañado, y montó en cólera contra Mical por haberlo ayudado a escapar.

La Huida

Después de su escape, David viajó a Ramá. Allí, conoció al profeta Samuel. David le contó todo lo sucedido con el rey Saúl. Samuel lo llevó con él a vivir, manteniéndolo oculto. Los mensajeros del rey Saúl llegaron a Ramá en tres ocasiones, exigiendo que les entregaran a David para llevárselo. Las tres veces, se fueron con las manos vacías.

El rey Saúl decidió que ya era hora. Fue él mismo a Ramá, y preguntó por Samuel y David. Finalmente, alguien le dijo que se escondían en las celdas de los sacerdotes. Viendo que el rey lo perseguía, David huyó; Saúl fingió que lo había perdonado, y envió mensajeros por todas partes, diciendo que David podía regresar a casa.

David y Jonatán pudieron encontrarse una vez más. Esta vez, Jonatán no sabía que todo era un engaño del rey. Pero en cuanto David le contó todo, Jonatán le creyó. Los dos amigos forjaron otro plan para el banquete del día siguiente.

David y Jonatán decidieron que el primero no asistiría al banquete. Si Saúl preguntaba por David, Jonatán le diría que estaba viajando a su ciudad natal de Belén. Si el rey no reaccionaba, significaba que su perdón era genuino. Si montaba en cólera, significaba que seguía planeando matarlo.

De acuerdo al plan en el banquete, el rey Saúl preguntó a Jonatán por qué David no estaba en su asiento. Jonatán respondió que su amigo había regresado a Belén. El rey Saúl explotó de furia, gritándole a su hijo que su amistad con David arruinaría su vida. Jonatán sería el siguiente en la sucesión, pero Saúl aseguró que eso no pasaría mientras David siguiera con vida.

El rey Saúl ordenó a sus siervos encontraran a David para matarlo. Jonatán exigió saber por qué su padre premiaría con la muerte a un soldado leal que solo le había servido bien. El rey Saúl, enceguecido por el odio, ¡arrojó una lanza a Jonatán, su propio hijo! Jonatán abandonó el banquete y evitó al rey por dos días: estaba demasiado enojado con él y, al mismo tiempo, la preocupación por David lo consumía.

Jonatán se calmó, y pudo pensar con claridad. ¡Debía avisar a David! El rey había mentido, y ahora David se encontraba en un gran peligro. Los amigos acordaron verse en los campos, tres días después. Se comunicarían mediante una señal convenida.

Jonatán tomó un muchacho, un siervo, y lo llevó con él a los campos. Después, con un arco, Jonatán disparó una flecha; le dijo al muchacho que corriera a traérsela. Mientras el muchacho corría, Jonatán lo animaba a ir más lejos, y más rápido. Esta era la señal: Jonatán, al animar a su siervo a correr, quería decirle a su amigo que era peligroso si volvía, pues el rey aún quería asesinarlo.

Mientras el sirviente corría, David no pudo resistir la oportunidad para despedirse de su amigo. Se abrazaron, llorando con fuerza, y se prometieron el uno al otro que, aún si no volvían a verse nunca más, orarían siempre a Dios por el otro, y permanecerían siempre como los mejores amigos.

Capítulo Veintisiete:

David Es Rey

(Samuel I, 21 – 2, Samuel II)

David, Fugitivo

Después de que David abandonó la corte del rey Saúl, viajó a la tierra santa de Nob. Allí, conoció a un sacerdote llamado Ajimelec. El sacerdote adivinó que algo muy malo había pasado en la vida de David, y estaba muy nervioso estando tan cerca del muchacho. Como tenía miedo de encontrarse con los hombres de Saúl, David no le contó su historia a Ajimelec, pues no sabía de qué lado estaba.

Así que fingió que viajaba a Nob por órdenes del rey Saúl. Pidió pan, y le dijo que tenía tanta prisa, que no había podido empacar sus armas.

Ajimelec le dijo que la única espada que tenía, perteneció a Goliath. ¡Era una espada increíble! David la tomó y abandonó Nob. Ajimelec estuvo muy aliviado al verlo irse.

David no se sentía seguro en las tierras del rey Saúl. Así que viajó a continuación a la ciudad de Gat, donde gobernaba el rey Aquís. Todos en Aquís pensaron que su rey no era muy listo, si permitía que David, un hombre tan talentoso que había ganado tantas batallas, anduviera suelto por ahí. David escuchó esto, y temió que Aquís lo asesinara.

David vagó entonces sin rumbo por Aquís, fingiendo que se había vuelto loco. Babeaba, hablaba tonterías para sí mismo, y dibujaba en las paredes: esto era una estrategia para que el rey de Aquís se cansara de él, y no pensara en David como en una amenaza para su reino. Debido a sus locuras, David fue arrojado de Gat.

David y Sus Seguidores

Decidiendo que ya no entraría en más ciudades, David se marchó a los páramos salvajes. La cueva de Adulam, cercana a su ciudad natal de Belén, le sirvió de refugio. Cuando sus hermanos escucharon que estaba allí, viajaron para unirse a David. Poco a poco, más gente comenzó a llegar; todos los que estaban en deuda, o descontentos con Saúl, lo nombraron su líder. David se convirtió en el jefe de cuatrocientos hombres.

Los padres de David eran demasiado viejos como para vivir también en la cueva, pero el joven quiso asegurarse de que quedaban a salvo, así que los llevó a Moab para que se quedaran allí. El rey de Moab concedió su permiso, y los ancianos padres de David se quedaron en esa tierra. David se despidió entre lágrimas, y regresó a Adulam con sus seguidores.

Un día, el profeta Gad visitó a David. Le dijo que debía marcharse a Judea. David tomó a sus hombres, y se marchó al bosque de Jeret, en Judea.

Saúl escuchó los rumores de que David se escondía en el bosque de Jeret. Juntó su ejército y continuó con su caza del muchacho. En un par de ocasiones, Saúl acorraló a David, pero él pudo escaparse. Jonatán aún viajaba con su padre. Una vez, ¡el príncipe logró escurrirse para ver a su amigo David! Le dijo que siguiera moviéndose, así su padre Saúl jamás lo atraparía. ¡David no heriría jamás al rey escogido por Dios!

A la mañana siguiente, cuando estuvo a una distancia segura, David gritó para llamar la atención de Saúl; le mostró el trozo de capa al rey para demostrarle que, aunque podía hacerlo, no quería dañarlo.

Aquí fue cuando Saúl se dio cuenta de lo que hacía. Había malgastado años de su vida persiguiendo a un hombre que no buscaba hacerle daño alguno. David siempre fue bueno con él y con su familia. ¡David no era su enemigo!

"Eres más bueno que yo, porque el Señor me entregó a tu mano, y tú no me mataste. ¿Acaso un hombre que encuentra a su enemigo, lo deja que siga su camino a salvo? El Señor te recompensará el bien que me has hecho hoy." (Nueva Biblia Americana Estándar, Samuel I, 24:18-19)

El rey Saúl continuó bendiciendo a David, y le dijo que un día sería rey. David prometió que sería amable con toda su familia para siempre. No los castigaría por la forma en la que su padre había tratado a David.

El rey Saúl volvió a casa, David retornó a la espesura salvaje. Estaba aliviado de que el rey ya no lo persiguiera, pero era demasiado listo como para confiar en Saúl. El rey tenía una mala fama debido a sus cambios repentinos de humor. ¡Y David lo había experimentado mejor que nadie! David y sus seguidores se quedaron en las colinas. Ellos veían a David como su líder, pero no respondían ante ningún rey pues eran considerados por todos como bandidos.

David tuvo razón al no confiar en Saúl. En lugar de recordar cómo David le había perdonado la vida, Saúl solo pudo pensar en su odio hacia él. Así que comenzó de nuevo con otra campana de búsqueda.

Los hombres de David encontraron primero a Saúl antes que el rey a ellos, pues vigilaban todos los días desde el mirador. Una noche, David se coló en la tienda del rey. Aunque sus seguidores lo instaron a que lo asesinara allí mismo con su propia lanza, David se negó. En lugar de eso, robó la lanza real y un frasco con agua.

Ya a una distancia segura, David preguntó a gritos a Abner, el jefe de la guardia real, por qué no cumplía con su deber de proteger al rey; mostró la lanza y el frasco de agua como prueba de su incompetencia como capitán.

El rey Saúl se despertó con todo el barullo. Al darse cuenta que de nuevo David le había perdonado la vida, se sintió muy culpable. Se disculpó con David y lo bendijo. Los dos grupos se separaron de nuevo en paz.

Pero David conocía mejor a su rey, y no confiaba ya en él por culpa de sus berrinches, y cambios de humor repentinos. Consideraba que tenía suerte, pero más bien sabía que Dios lo protegía y velaba por él. Decidió marcharse de Israel, hacia la tierra de los filisteos. Allí estaría a salvo.

El rey Saúl se enfureció de nuevo. Envió espías para rastrear a David. Cuando supo que se encontraba entre los filisteos, y que había abandonado por fin Israel, se quedó tranquilo.

David y sus hombres viajaron por tierras filisteas, luchando contra aquellos que no creían en Dios. Destruyeron muchas ciudades paganas, tomando para sí como botín sus rebaños y posesiones materiales.

El rey Saúl fue muerto en una batalla contra los filisteos, cayó sobre su propia espada. No fue asesinado por David, como él tanto temió durante su vida. Jonatán y dos de los hijos de Saúl fallecieron también en la batalla.

Cuando David oyó las noticias, lloró desconsolado la muerte de su mejor amigo. Incluso lloró a Saúl, a quien alguna vez amó. David cantó así para expresar su pena:

"Amables y amados eran Saúl y Jonatán,ni la vida ni la muerte pudieron separarlos;más ligeros eran que las águilas,tenían más fuerza que los leones...¡Cómo cayeron esos héroes!" (Nueva Biblia Americana Estándar, Samuel II, 1:23,25)

Después de la muerte de Saúl, Abner intentó que Isboseth, el hijo sobreviviente de Saúl, fuera coronado Rey. Pero esta idea no fue muy popular. La gente no quería a Abner ni a Isboseth. Ellos querían a David, un caudillo mucho más impresionante que ganaba todas sus batallas. Además, estaban muy conmovidos por la actitud de David hacia el fallecido rey Saúl: David jamás había querido hacerle daño, pese a los atentados del rey en contra suya.

Dios le otorgó a David un tiempo de duelo. Pero después le ordenó que fuera a Hebrón, una ciudad en la tierra de Judea. David llevó consigo a sus esposas Ahinoam y Abigaíl. Los líderes de Judea vinieron a David, y fue coronado Rey.

Capítulo Veintiocho:

Salomón Construye El Templo

(Reyes I, 6-8)

Cuando el rey David murió, su hijo Salomón ascendió al trono. Dios era el centro de la vida de Salomón: oraba mucho siempre para pedirle consejo. El rey David siempre había querido construirle a Dios un templo, y Salomón quiso ver cumplido el mayor sueño de su padre.

El rey Salomón decidió que el templo sería construido en una colina conocida como Sión; sus muros serían de cantera, y solo los mejores constructores trabajarían para construirlo. Ni un solo martilleo se escuchó durante los años de la construcción del templo, todo fue realizado en silencio absoluto.

Cuando la estructura del templo estuvo finalizada, Salomón mandó a cubrirla con planchas de madera de cedro. La cámara central, además de las placas de cedro, fue recubierta con oro. En esta habitación se guardaría el Arca de la Alianza, la cual contenía las Tablas de la Ley donde Moisés grabara los Diez Mandamientos.

Dios se complació con la construcción de tan hermoso templo; prometió a Salomón que, mientras todos obedecieran sus mandamientos, velaría por su pueblo, lo cuidaría, y nunca lo abandonaría.

Cuando el templo estuvo terminado, ni una sola piedra quedaba a la vista, pues estaban todas cubiertas por la madera de cedro. Mucha de la madera ostentaba hermosos tallados de ángeles, plantas y flores.

En la cámara central, se tallaron esculturas de ángeles a partir de un tronco de olivo. Sus alas se extendían tan largas, que tocaban las paredes. Estas esculturas fueron rebañadas en oro.

Siete años duró la construcción del templo. Cuando estuvo terminado, Salomón invitó a la gente más importante de todo Israel para que asistieran a la colocación del Arca en el templo. Los sacerdotes cargaron el Arca hasta su lugar de descanso, junto con otros objetos sagrados; el arca se colocó bajo las alas de los ángeles, que la cubrirían y protegerían.

Cuando el Arca estuvo en su lugar, Dios llenó el templo con una nube. En respuesta a este fenómeno, Salomón dijo a Dios y a sus súbditos:

"El Señor ha dicho que habitaría en una nube espesa.Te he construido una excelsa Morada,¡para que habites en ella por siempre!" (Nueva Biblia Americana Estándar, Reyes I, 8:12-13)

El rey Salomón les explicó a todos que no intentaba encerrar a Dios en una habitación. El templo sería un lugar de culto para las personas que vinieran a adorar a Dios. La magnificencia y hermosura del templo, serían un recordatorio de la gloria absoluta de Él.

Con el templo terminado, los súbditos de Salomón confiaron aún más en su reinado; era un hombre sabio, que los llevaría por el sendero que Dios estableciera para ellos.

Capítulo Veintinueve:

Elías y el Rey Ajab

(Reyes I, 17-18)

La Profecía de Elías

Después del reinado del Rey Salomón, el reino se dividió en dos. Israel era reinado por un rey, y Judea por otro. El rey Ajab gobernaba Israel. Era un pésimo rey, pues adoraba a Baal, un dios falso, y hacía cosas malvadas. Dios no estaba con él.

Un día, un hombre visitó al rey Ajab. Era un profeta llamado Elías, que venía a darle un mensaje de Dios: no llovería en Israel, ni habría rocío matutino, sino hasta que Dios lo quisiera. Esto causó una sequía; una sequía ocurre cuando las personas, durante un tiempo prolongado, no tienen suficiente agua para beber o regar los campos. ¡Es algo muy peligroso!

Elía temía al rey Ajab, pues había desatado su furia. Dios, comprendiendo el peligro en el que estaba Elías, lo mandó a que viajara hacia el este de la tierra de Jordán. Allí, Elías encontró una pequeña corriente para beber. Los cuervos, siguiendo las órdenes de Dios, le traían el desayuno y la cena sin falta cada día.

Siguiendo los deseos de Dios, Elías viajó junto a la corriente y continuó escondiéndose del rey Ajab. Iba solo, pero seguro. Bebía del riachuelo, y los cuervos lo alimentaban. Sin embargo, la corriente pronto se secó debido a la sequía.

Dios le dijo que era hora de irse, y lo condujo a la casa de una viuda de Sarepta. Esta viuda daría refugio, comida y bebida al profeta.

Elías y La Viuda

Elías llegó a Sarepta, y encontró a la viuda recogiendo leña para el fuego. Elías le pidió agua y comida. Pese a que el agua era escasa debido a la sequía, ella generosamente compartió lo que tenía. No había pan, sólo un poco de harina, y no era mucha. En cuanto horneara una hogaza de pan, se quedaría sin harina.

Elías pidió que le hiciera un poco de pan, y luego horneara más para ella misma. La mujer, confundida porque ya le había explicado que no tenía materiales para dos hogazas de pan, intentó repetirle de nuevo lo dicho. Pero Elías declaró:

"El cuenco de harina no se agotará; tampoco lo hará el jarro del aceite, sino hasta que el Señor envíe lluvia sobre la faz de la tierra." (Nueva Biblia Americana Estándar, Reyes I, 17:14)

La viuda confió en Elías, pues Dios hablaba a través de él. ¡Horneó dos hogazas de pan, incluso más! Comieron muy bien por muchos días. Como Dios había profetizado, la viuda invitó a Elías a quedarse en su casa.

Elías permaneció ahí por tres años. Hasta salvó la vida del hijo de la viuda: un día, el niño estaba tan enfermo, que su madre ya no lo oía respirar. Elías tomó al niño entre sus brazos, y comenzó a orar mientras soplaba sobre él. Al tercer viento, el niño respiró profundamente, y se sentó. ¡Estaba curado! La viuda estaba muy feliz de que Elías viviera en su casa: la amabilidad hacia un extraño había salvado la vida de su hijo.

Elías y el Rey Ajab Vuelven a Encontrarse

La sequía y hambruna causaron un sufrimiento enorme en las personas. Dios le dijo a Elías que volviera a hablar con el rey. Elías seguía teniendo miedo, pero Dios prometió que, si lo hacía, llovería de nuevo. ¡La sequía y hambruna llegarían a su final!

Elías se topó con el rey mientras el último buscaba agua. El rey enfureció nada más verlo, y lo culpó de las desgracias de su pueblo. Elías se defendió, diciendo que él solo era un mensajero de Dios. ¡Era culpa del rey, de su familia, de su comportamiento malvado! Todos sufrían, por haberle dado el rey la espalda a su Dios. Si se arrepentía, todos los males terminarían.

Elías retó al rey Ajab: ¿se atrevería a enviar a sus profetas del falso dios Baal al monte Carmelo para una prueba? Allí, por medio de sacrificios, comprobarían cuál de los dioses, si el de ellos, o el de Elías, respondería las plegarias de sus devotos.

El rey no pudo resistirse al reto, así que hizo como Elías dijera. Una multitud de curiosos se arracimó en torno al monte, dispuestos a atestiguar la prueba; eran seguidores de Baal. Todos siguieron a Elías a la cima, y él les preguntó si estarían dispuestos a abandonar el culto a Baal para seguir al Dios Verdadero. Nadie le respondió.

Los cuatrocientos cincuenta profetas de Baal encendieron hogueras y ofrecieron sus sacrificios, clamando a su dios falso por lluvia. Hicieron lo mismo por la mañana, y por la tarde. No hubo respuesta.

Había en el monte un altar, dañado, dedicado a Dios. Elías lo reparó. Cuando ya era casi su turno, Elías llamó a los profetas de Baal. Mientras ellos miraban, Elías cavó una zanja alrededor del altar y lo rodeó con doce piedras, cada una representando a las tribus de Israel. El sacrificio a Dios fue colocado sobre el altar.

Elías pidió a los profetas falsos que lo ayudaran. Siguiendo sus instrucciones, ellos mojaron toda la leña para el sacrificio con ayuda de cubos de agua. Tras realizar esta acción por tres veces, el agua desbordó el altar y llenó la zanja.

Llegado el tiempo del sacrificio nocturno, Elías oró a Dios; había realizado todo lo ordenado, y ya era hora de mostrarles a los falsos profetas quién era el Dios Verdadero.

De repente, la madera mojada comenzó a arder con una llama potente. El sacrificio se quemó, y toda el agua se secó de inmediato debido al gran calor que emanaba del altar. Cuando los seguidores de Baal vieron todo esto, se postraron de rodillas porque ahí estaba el Dios Verdadero.

Los profetas de Baal huyeron de la montaña. Elías gritó que no los dejaran escapar, pues no podían seguir contaminando a Israel con sus idolatrías y maneras viles. Después de esa noche, no quedaron más profetas de Baal. El falso dios estaba destinado a caer en el olvido.

¡La lluvia volvió esa noche! Todos quedaron muy agradecidos pues la sequía terminaba por fin.

Capítulo Treinta:

Naamán es Sanado

(Reyes II, 5)

Naamán era el capitán del ejército del rey de Aram. Era muy conocido y respetado por todos. Trajo victorias a la gente de Dios. Desafortunadamente, Naamán enfermó de una espantosa enfermedad de la piel, la lepra. En aquellos tiempos, no existía una cura para la lepra, y era muy contagiosa. Las personas con lepra eran obligadas a que abandonaran sus casas, y debían vivir en los yermos salvajes con los demás leprosos.

Mientras peleaba en el ejército, Naamán trajo consigo a una jovencita de Israel para que fuera la sirvienta de su esposa; como la trataron muy bien, la jovencita esperó poder ayudar a su amo

Naamán, así que le habló de un profeta de Israel. ¡El profeta podría curarlo!

Naamán le dijo al rey de Aram lo que la muchacha le comentó. El rey lo animó a que fuera a curarse, y le prometió que escribiría una carta al rey de Israel para que lo ayudara a encontrar al profeta. El rey de Aram envió plata, oro y telas preciosas como regalo.

El rey de Israel se quedó muy alterado al leer la carta. ¡La lepra no podía ser curada, el rey de Aram pedía imposibles! Temía que el rey de Aram usara esto como excusa para iniciar una guerra con Israel.

Cuando escuchó de la reacción del rey, el profeta Eliseo fue a tranquilizarlo. Pidió permiso para visitar a Naamán cuando arribara a Israel. Creía que podría curarlo, y el rey estuvo de acuerdo: lo mejor que podrían hacer, era prevenir una guerra.

Cuando Naamán llegó a Israel, se dirigió a la casa de Eliseo. En lugar de recibirlo, Eliseo le mandó decir con un mensajero: "Ve al río Jordán, y báñate siete veces. Esto curará tu lepra."

Naamán se retiró, enojadísimo. ¿Había viajado tanto, para que le dijeran que se bañara? ¡Él no era un hombre sucio! Se lavaba más de siete veces diarias desde que se enfermó. ¿Por qué el agua de Israel sería diferente a la de su propio país?

Los sirvientes lo hicieron entrar en razón. Si Eliseo le hubiera dado una tarea complicada, seguramente no se quejaría, ¿cierto? La aceptaría sin más. No pasaba nada con probar el método del profeta. A fin de cuentas, ¡ya estaba en Israel!

Naamán sabía que ellos tenían razón, solo que había esperado una ceremonia más solemne, con sacrificios y oraciones. Un buen baño no hacía mal a nadie, Cuando Naamán salió del río Jordán después de bañarse por última vez... ¡Su piel había sanando, estaba curado!

Capítulo Treinta y Uno:
El Rey Ezequías

(Reyes II, 18-19)

El rey Ezequías subió al trono de Israel cuando tenía veintinueve años. Su padre el rey David, había sido un hombre malvado que adoraba a dioses falsos. Pero Ezequías era muy diferente a su padre; hombre dedicado y amante de Dios, oraba con frecuencia y mandó destruir los altares de los dioses falsos. Contrató trabajadores que repararan el daño hecho al templo de Dios durante el reinado de su padre.

Dios bendijo a Ezequías por su devoción; lo hizo ganar innumerables batallas contra los filisteos paganos.

Cuando Ezequías llevaba catorce años gobernando, el rey Senaquerib de Asiria capturó muchas ciudades de Judea. Ezequías envió un mensaje a Senaquerib, preguntándole qué podía hacer para que dejara sus tierras. Senaquerib respondió que quería un gran cargamento de oro y plata a cambio.

El rey Ezequías pensó que no tenía más opción; quería proteger a su gente. Así que le envió a Senaquerib todo lo que él pidió: todo el oro y la plata que poseía fue hacia el rey asirio, ¡incluso los tesoros del templo de Dios! Quitó las puertas de oro del templo, todas las ofrendas. Odiaba hacerlo, pero Ezequías se dijo que Dios comprendería. Después de todo, ¡era para liberar a su pueblo!

El rey Senaquerib se puso muy contento al ver todos los tesoros que Ezequías le enviaba. Sin embargo, ¡el rey malvado envió de todos modos a sus tropas! Senaquerib dijo a los hebreos que la única forma de librarse, era que abandonaran a Dios y a su rey. Se burló de su confianza hacia Dios, diciéndoles que eran unos tontos. Aunque muy asustados, todos resistieron y continuaron confiando en Dios y en el rey Ezequías: no respondieron las burlas.

Ezequías fue al templo a pedirle consejo a Dios; Él envió a tres mensajeros para que visitaran al profeta Isaías, y que él se dirigiera al rey para darle esperanza: que confiara en Dios, pues Senaquerib sería castigado y devuelto a sus propias tierras.

Senaquerib envió una carta a Ezequías: decía que no podría salvar a nadie, porque Dios no lo escucharía. Ezequías fue al templo con la carta para rezarle a Dios.

Dios envió su respuesta a través del profeta Isaías. Había escuchado las plegarias de Ezequías, ¡y protegería la ciudad! Senaquerib no le haría daño a nadie.

"No entrará en esta ciudad, ni lanzará sus flechas, no la atacará con sus torres rodantes ni levantará un terraplén, sino que se volverá por el mismo camino por donde vino... Protegeré esta ciudad y la salvaré, en consideración a mí

mismo y a mi siervo, David." (Nueva Biblia Americana Estándar, Reyes II, 19:32-34.)

Esa noche, Dios se movió a través del campamento de Senaquerib. Esa mañana, ninguno de los soldados se levantó. El rey estaba solo, y no podría tomar ninguna ciudad por sí mismo.

Senaquerib se marchó a casa, derrotado. Ezequías y su gente celebraron la victoria de Dios sobre los enemigos. Estaban ahora a salvo, ¡y no habían peleado! Continuaron honrando a Dios, y siguieron siempre su camino.

Capítulo Treinta y Dos:

Jonás

(Jonás, 1-4)

Dios dijo a Jonás que viajara a Nínive, pues sus habitantes le habían dado la espalda y se comportaban de maneras retorcidas. Jonás creyó en Dios, pero lo desobedeció pues no quería ir a Nínive. En su lugar, montó en un barco para dirigirse a Tarsis.

Dios montó en cólera, y llamó a una tormenta fuerte. Las olas eran tan violentas, y el viento tan rápido, ¡que el barco se rompería pronto! La lluvia cegaba a los marineros, que no veían por dónde iban.

Los marineros no eran hombres de Dios, así que rezaron a sus falsos dioses para que los salvaran. Nadie los ayudó. Arrojaron objetos por la borda, con la esperanza de que una carga más ligera les permitiera no hundirse.

De alguna manera, Jonás se las había arreglado para dormir durante gran parte del viaje. Como sus dioses no respondían, el capitán tuvo la idea de que quizás el Dios de Jonás los ayudaría. Jonás se vio obligado a confesar que iba a bordo contrariando los deseos de Dios, y que seguro la tormenta era un castigo de Él por su desobediencia.

Jonás supo que debió obedecer a Dios, pues ahora había puesto a todos en peligro por su capricho. La tormenta se puso, así que Jonás pidió que lo arrojaran al mar para que pudieran salvarse ellos.

Al principio, ellos se negaron y trataron de llevar el barco a tierra. Incluso le rogaron a Dios que los salvara. Finalmente, los marinos no tuvieron más remedio, e hicieron como Jonás les había pedido.

Cuando Jonás tocó el agua, ¡una ballena se lo tragó entero! Los océanos se calmaron y el viento sopló en una gentil brisa. Los marineros le dieron gracias a Dios, prometiendo que lo seguirían en Su Camino, y le harían ofrendas y sacrificios.

Jonás dentro de la ballena tuvo mucho tiempo para pensar. Estaba avergonzado de su desobediencia, así que oró pidiendo perdón. Después de tres días, la ballena nadó cerca de la costa... ¡y escupió a Jonás! Jonás nadó hasta la orilla, sano y salvo.

Dios repitió sus instrucciones a Jonás. Debía ir a Nínive y predicar su palabra. Jonás, como había aprendido la lección, empacó sus cosas y se marchó a la ciudad.

Allí, les dijo a los habitantes que, a menos que comenzaran a obedecer y adorar a Dios, su ciudad sería destruida en cuarenta días.

¡Las personas de Nínive escucharon a Jonás! Oraron a Dios, siguieron sus mandamientos. Se arrepentían de sus malas acciones, hasta el rey comenzó a creer. Dios vio que la gente cambiaba de verdad, y decidió que no destruiría la ciudad.

Jonás estaba infeliz. No le gustaba vivir en Nínive, no le importaba que Dios destruyera la ciudad. Solo quería irse lo más pronto posible.

Jonás decidió que ya tenía suficiente, y que abandonaría la ciudad. Tuvo miedo de irse lejos, así que se construyó un refugio a las afueras de la muralla. Hacía mucho calor, así que Dios le dio una planta que le hiciera sombra. Jonás estaba orgullosísimo de su planta. Esa noche, los gusanos se comieron las raíces de la planta, y esta murió. Jonás estaba ahora muy incómodo, el sol era muy fuerte... ¡Hasta el viento ardía! Jonás estaba muy amargado porque su planta había muerto.

Dios le dijo que se equivocaba al enojarse. Él no había hecho nada porque la planta creciera, solo había aceptado el bonito regalo. A Jonás solo le quedaba un día en Nínive, pero estaba tan enojado por su planta, que no le importaba que una ciudad entera hubiera sido salvada.

Miles de personas y animales eran perdonados, pero a Jonás solo le importaba su planta que lo hacía estar cómodo... Al darle una planta, y luego quitársela, Dios quería enseñar a Jonás que era más importante preocuparse por los demás, que por uno mismo. Todos tienen su valor, no solo las personas que te agradan-

"Sentiste compasión por la planta que no trabajaste, que nació una noche y murió otra noche. ¿Acaso no debería yo sentir compasión por Nínive, la gran ciudad que alberga a más de 120,000 personas que no conocen la diferencia entre su mano derecha y su mano izquierda, así como de los animales? (Nueva Biblia Americana Estándar, Jonás, 4:9-11)

Capítulo Treinta y Tres:
La Guarida de Los Leones

(Daniel, 6)

El rey Darío eligió a Daniel como el líder de su reino, pues era un hombre muy sabio; tenía mucha responsabilidad. Otros hombres, celosos de la inteligencia y el rango de Daniel, lo odiaban.

Daniel se creó muchos enemigos, que conspiraron contra él y trataron de meterlo en problemas con el rey Darío. Examinaban su trabajo con cuidado, para encontrar cualquier falla que pudieran usar en su contra. Pero no pudieron hallar ninguna, pues Daniel era leal a su rey.

Daniel era conocido por ser un hombre devoto de Dios, y sus enemigos decidieron usar esto contra él. Engañaron al rey Darío para que creara una ley que exigiera, por treinta días, que solo al rey se le podía pedir consejo. Cualquiera que pidiera consejo a otra persona, sería arrojado a un ruedo. Pero no cualquier ruedo, ¡sino a una guarida de leones!

Daniel sabía sobre la ley, pero continuó fiel a Dios, rezándole tres veces al día. Los enemigos de Daniel se lo reportaron al rey. El rey Darío estaba muy molesto, pero él mismo había firmado la ley. Y debía seguirla.

Reticente, dio la orden de que arrojaran a Daniel a la guarida de los leones. El rey le aseguró que Dios lo protegería. Daniel fue arrojado, y la entrada se selló con una enorme piedra que contaba con el sello del anillo del rey.

El rey Darío, sintiéndose miserable, regresó a palacio, negándose a comer o beber. Rechazó todo entretenimiento. No quiso escuchar canciones, poemas o disfrutar de las danzas. Estaba tan preocupado que no pudo dormir esa noche.

A la mañana siguiente, el rey Darío corrió hasta la guarida de los leones.

"¡Oh mi rey, vive para siempre! Mi Dios envió a un ángel a cerrarles la boca a los leones, y ellos no me han causado daño alguno… Oh, mi rey, yo no he cometido ningún crimen."(Nueva Biblia Americana Estándar, Daniel, 6:21-22)

El rey Darío ordenó a sus hombres que liberaran a Daniel. Por su fe en Dios, no tenía ni un rasguño.

El rey Darío no había olvidado el engaño de los traidores. Así que les dio el mismo castigo que ellos habían deseado para Daniel: ¡los arrojó a los leones! Solo para asegurarse, ordenó también que echaran a sus familias junto con ellos. Como no eran personas de Dios, los leones se los comieron antes de que pudieran huir al fondo.

El rey Darío declaró que, desde ese momento en adelante, todos debían obedecer y tener fe en el Dios de Daniel.

"Él es el Dios Vivo que permanece para siempre,y su reino es uno que jamás será destruido,y su dominio durará para siempre.Él salva y libra, realiza prodigios y señalesen el cielo y en la tierra,Él salvó a Daniel de las garras de los leones." (Nueva Biblia Americana Estándar, Daniel, 6:26-27)

Daniel continuó sirviendo fielmente al rey Darío. Jamás dudó de su fe en Dios, y hubo paz durante el reinado del rey.

Capítulo Treinta y Cuatro:
El Nuevo Rey

(Isaías, 9-11)

Conforme pasaron los años, más gente malvada se volvió ponderosa. Capturaron a las personas de Dios y las forzaron a ser esclavas. Entre los cautivos, estaba un profeta llamado Ezequiel. Dios habló a Ezequiel, y le dio esperanza. Ezequiel habló con su gente: Dios enviaría a un nuevo rey para salvarlos, liderarlos. Este nuevo rey traería la paz a las buenas gentes de Dios.

Las personas alejadas de su camino, volverían a la buena senda. La nación se expandiría, y serían liberados de la esclavitud. Debían luchar, pero un niño nacido entre ellos los lideraría. El sufrimiento terminaría, y la luz brillaría para las naciones una vez más.

La nación de Dios crecería, su gente sería feliz. La felicidad llenaría sus corazones, y cosecharían abundantes sus campos. No habrían sequías, ni inundaciones. Dios aliviaría los problemas de su gente. Sus enemigos no podrían dañarlos más.

Cuando el Hijo de Dios naciera, las guerras terminarían. Ya no pasarían días eternos en los campos de batalla. El Hijo de Dios gobernaría a las personas, y sería llamado "El Príncipe de la Paz". Reinaría para siempre.

"Porque un niño nos nacerá, un niño nos será otorgado;y el gobierno descansará sobre Sus hombros;y su nombre será Consejero Maravilloso, Dios Poderoso,Padre Eterno, Príncipe de la Paz." (Nueva Biblia Americana Estándar, Isaías, 9:6)

Dios castigará a aquellos que oprimieron a sus seguidores. Los altares y templos a los falsos dioses serán destruidos. La gente de Dios reconstruirá para honrarlo. Dios no tendrá piedad de los enemigos de Sus hijos. El fuego quemará toda la maldad. Los campos arruinados darán mejores cosechas. Los árboles cortados serán reemplazados por árboles nuevos, y crecerán aún más altos, fuertes, y proveerán de más sombra.

"Su furia no se disipará y su mano abierta seguirá extendida." (Nueva Biblia Americana Estándar, Isaías, 9:21)

Dios castigará a los que se alcen en su contra; a los adoradores de falsos dioses, a los que crean leyes injustas, a los que no son generosos y amables con los pobres, a los maltratadores de huérfanos, a los que se vuelven unos contra otros.

Para evitarse castigos, los hacedores de leyes deben ser justos. Las personas deben ayudar a los menos afortunados.

Aquellos que no obedezcan las leyes de Dios irán a prisión. Serán castigados los que digan seguir a Dios, pero que no cumplan sus mandatos.

Nacerá un hombre nacido de José, que hablará la Palabra de Dios. Será justo. Castigará a los malos, y recompensará a los buenos. Salvará y unificará a la gente de Dios.

Este nuevo rey no juzgará a las personas por

cómo lucen. Juzgará justo, por palabras y acciones.

Los animales vivirán en paz. No lucharán. Los niños pequeños jugarán con los leones y las serpientes de largos colmillos, pues ninguno morderá.

Las personas ya no pelearán, ni destruirán cosas. Entenderán que la sabiduría y la amabilidad son más importantes que el orgullo y el poder.

Los países en guerra a lo largo del mundo estarán en paz. Nadie tendrá celos de nadie. Amabilidad, alegría y paz se esparcirán por las naciones del mundo. La gente de Dios estará feliz, pues serán salvos.

"Levantará una bandera para las naciones y reunirá a los desterrados de Israel, y juntará a los dispersos de Judá desde las cuatro esquinas de la tierra." (Nueva Biblia Americana Estándar, Isaías, 11:12)

Conclusión

Querido Oyente,

¡Gracias por escuchar El Libro de Historias de la Biblia Para los Pequeños: Historias Verdaderas de la Biblia Para Niños, Sobre Dios y El Antiguo Testamento, que Todo Niño Cristiano Debería Conocer! Espero que hayas disfrutado y aprendido algo escuchando las historias. Como has visto, la Biblia puede ser tan emocionante como otros libros que has leído, y las películas que has mirado.

Algunas de estas historias quizás han podido asustarte. Dios en el Antiguo Testamento puede ser agresivo y escalofriante. Es importante que sepas que Él solo quiere que su gente lo siga y camine junto a Él. Las personas a las que Dios castigó, eran malvadas y se volvieron contra Él. No solo hicieron algo malo y ya, eran gente mala a diario.

Dios hizo muchas promesas a lo largo de la Biblia, de no repetir sus castigos. Nunca hemos vuelto a ver un diluvio como Noé lo vio, ¡o lluvias de fuego! Dios ya no se acerca a la tierra a castigar personas. Él nos mira, y cuida de nosotros desde el Cielo.

Camina con Dios, y Él te bendecirá. Está siempre contigo. Dios es misericordioso y perdona; todo lo que tienes que hacer, es pedírselo.

"MUY CERCA DE TI ESTÁ LA PALABRA, YA ESTÁ EN TUS LABIOS, Y EN TU CORAZÓN" Ahí tienen nuestro mensaje, y es la fe. Porque te salvarás si confiesas con tu boca que Jesús es el Señor y crees en tu corazón que Dios lo resucitó de entre los muertos. La fe del corazón te procura la justicia, y tu boca lo proclama, te consigue la salvación." (Romanos, 10:8-10)

Si tienes alguna pregunta acerca de lo que has leído, ¡pregunta a tus padres o tutor! Estoy segura que estarán felices de que quieras hablarlo con ellos.

Alaba a Dios y a su hijo, Jesucristo, Señor de Señores, Rey de Reyes.

¡Que así sea!

Libro 2:
LIBRO DE HISTORIAS DE LA BIBLIA PARA LOS PEQUEÑOS

Historias verdaderas de la biblia para niños, sobre Jesús y el Nuevo Testamento, que todo cristiano debe conocer

Introducción

¡Felicidades por tu descarga del Libro de Historias de la Biblia Para los Pequeños: Historias Verdaderas de la Biblia para Niños, sobre Jesús y El Nuevo Testamento, que Todo Cristiano Debe Conocer!

Esta Biblia para Principiantes es presentada como un medio educativo, dirigido a los niños y niñas, que enseña sobre el ministerio y vida de Nuestro Señor Jesucristo. Abarca desde su Nacimiento, Ministerio, Muerte, Resurrección y Ascensión, hasta el surgimiento de la Iglesia Cristiana que continuó practicando sus enseñanzas. Es la Más Grande Historia Jamás Contada, donde se narra sobre el protagonista, Jesús, que salvó a la humanidad de sus pecados, y trajo, para todos, una vida de seguimiento y respeto hacia la voluntad de Dios.

Los padres, que vivimos en un mundo tan ocupado, interesante, pero, al mismo tiempo, tan hermoso como caótico, solemos pensar, a veces, que no tenemos tiempo para Dios. Sin embargo, aquellos que creemos en él, conocemos esa paz en el alma que nos da la vida de oración. Nuestros niños también se enfrentan a los desafíos y decisiones diarias —inculcarles el amor de Dios en sus corazones es un regalo maravilloso para esa vida maravillosa que queremos para nuestros hijos. Rezar es un instinto natural para el niño. Aún si criamos a los hijos para vivir de acuerdo a los principios, y para que hagan el bien, es vital que les enseñemos también sobre la importancia y el poder de la oración. Los padres son Dios para los niños, pues resuelven sus necesidades sin que ellos lo pidan; así desea Dios que lo consideremos: como un padre que vela por nosotros.

Debido a su inocencia y disposición a aceptar Sus Palabras, Jesucristo tuvo siempre un amor especial por los niños. Dios en el Viejo

Testamento prometió que, si los padres criaban a sus hijos con Fe en Sus Enseñanzas, los niños tendrían una base firme que les duraría toda la vida. Dios nos ve a todos como sus Hijos, sin importar cuántos años de edad tengamos; nos ama a cada uno de nosotros, y solo nos desea lo mejor de lo mejor.

Las historias sobre Jesucristo, y sus acciones en la tierra, son presentadas en un formato simple, sencillo, apto para el estudio, o para ser leído en la cama a los niños. Hemos usado palabras simples, con explicaciones, de las partes más difíciles, para que los niños puedan entenderlo todo.

Las Escrituras en cursiva de este libro, provienen de la Nueva Biblia Estándar Americana. Algunas de las Escrituras incluidas en las historias, han sido parafraseadas para facilitar su comprensión y enseñanza.

La Biblia es uno de los milagros más grandiosos que Dios nos dejó, y está escrito para que ahondemos, a niveles muy profundos, en la compasión que Dios siente por todos sus hijos. Es nuestro deseo que este libro propicie en sus lectores un viaje, para toda la vida, al lado de Dios; para amarlo como padre, para el renacimiento como Hijos de Dios. Y, cuando llegue la hora, para permanecer toda la eternidad con él y Jesucristo en el Paraíso.

Existe un sinnúmero de literatura sobre este tema en internet... ¡así que apreciamos genuinamente que hayas elegido este libro!

¡Te aseguramos que hemos hecho todo lo posible para que este libro sea superior, y esté repleto de detalles que sabemos te encantarán!

Capítulo Uno: Visitada por un Ángel

"Concebirás en tu seno y darás a luz a un hijo, y lo llamarás Jesús. Él será grande, será llamado Hijo del Altísimo; y el Señor le dará el trono de su Padre David, y reinará sobre la Casa de Jacob para siempre, y su Reinado no tendrá fin." (Lucas 1:31-33).

Hace mucho, mucho tiempo, en un diminuto país llamado Israel, había una hermosa muchachita llamada María. Ella vivía en una aldea pequeña, donde vivían también muchos granjeros, llamada Nazareth. Todas las tierras que rodeaban al Mar de Galilea se componían de colinas, pequeñas aldeas pesqueras, y otros pueblos más grandes que conformaban en conjunto lo que se conocía como la Tierra de Galilea. Los habitantes de Galilea eran pacíficos; trabajaban duro, amaban a Dios e iban a su iglesia, conocida como sinagoga, para alabar a Dios, y escuchar las lecturas de los viejos rollos que contenían las palabras de los profetas.

En las antiguas escrituras de los profetas (lo que hoy sabemos es el Viejo Testamento), se contaba que el Padre Todopoderoso creó a la humanidad, pero el primero de la estirpe humana, Adán, pecó contra Dios. Este pecado hizo que un ángel caído se hiciera con el control de la Tierra. Este ángel caído se llamaba Lucifer, pero terminó siendo llamado El Diablo, o Satanás. Por miles de años, Satanás trajo muerte y destrucción a todos los humanos, y las personas pidieron a Dios por un Mesías que los salvaría de sus pecados, y los haría volver hacia Él. Todos los antiguos profetas hablaron sobre este Mesías que vendría un día, y las personas esperaron, a través de los años, a que su Salvador naciera.

Dios escogió a un hombre llamado Abraham, como el Padre de la Humanidad, y le dio a él y a sus hijos, para siempre, La Tierra Prometida. Los hijos de Abraham crecieron, corrieron con muchas aventuras y desventuras; todo esto fue escrito y conservado en lo que hoy conocemos como Viejo Testamento, y los judíos llaman la Torá. Dios prometió a Eva que un niño rey nacería, y traería paz en toda la tierra. Los profetas profetizaron la Llegada del Mesías, y juraron que sería éste el rey prometido que los salvaría a todos.

María era muy inteligente, amable, y sus padres la criaron para que amara a Dios, y reconociera los Milagros que Él había obrado por sus antepasados. María conocía la historia de José, que salvó de la hambruna a los israelitas; también la de Moisés, que en Pascua abrió el Mar Rojo con ayuda de Dios para que pasaran sus hermanos y hermanas.

Por mala fortuna, en aquellos días, Nazareth, y el resto del país de los judíos, era dominado por el lejano, cruel reino de Roma. Aún si Roma se encontraba a mucha distancia, los gobernadores y soldados romanos que vivían en Israel eran quienes daban todas las órdenes. Los judíos debían pagarle dinero al emperador romano, César Augusto, y al rey usurpador impuesto por el emperador, un hombre muy malo llamado Herodes. Nadie en Nazareth los quería, y todos odiaban tener que darles dinero para que se construyeran circos, palacios, y puertos en honor al emperador.

De hecho, una ciudad grande, a la orilla del Mar de Galilea, llamada Cesárea de Filipo, era una de esas ciudades construidas con dinero de los judíos. Otra ciudad más, llamada Cesárea, al oeste de Galilea, era un puerto importante construido por el Rey Herodes. En esta ciudad, se alzaban por todos lados unas estatuas gigantescas del emperador Augusto, y los habitantes de Cesárea adoraban a toda clase de dioses extraños.

María de Nazareth amaba a un joven que vivía en su pueblo. El nombre de este muchacho era José, y él era un carpintero. Como ya sabrás, un carpintero es una persona que construye cosas con madera, como mesas, sillas, camas, entre otras. Las personas de Nazareth admiraban mucho a José, pues él estaba siempre concentrado en su trabajo, y por eso construía los mejores muebles para las casas de las personas. José también amaba mucho a María. Así que, un buen día, él fue a casa de los padres de María, y les pidió que lo dejaran casarse con ella. Los padres de ella estuvieron muy felices, porque sabían que José era un buen hombre, un exitoso carpintero que cuidaría muy bien de María y de sus nietos.

María estuvo también muy feliz cuando sus padres dijeron que sí, y los novios comenzaron a prepararse para la boda. José debía arreglar su casa para que María contara con un lindo hogar; María debía coser su vestido de bodas, y comprarse las joyas hermosas con las que adornaría su cabello en el día especial.

Una noche como cualquier otra, María se encontraba recostada en su cama. Emocionada, pensaba en su boda, y en lo maravilloso que sería ser la esposa de José. Por lo que se sorprendió mucho... ¡cuando un hombre apareció de la nada en su habitación! El hombre le dijo: "No te asustes, María, porque no estoy aquí para dañarte. Soy un ángel, y mi nombre es Gabriel. Dios me ha enviado a decirte algo muy importante."

María sabía sobre los ángeles, pues lo enseñaban en la sinagoga. Así que confió de inmediato en el ángel. "Está bien, ángel Gabriel. ¿Qué has venido a decirme?

El ángel continuó: "Vengo a decirte que estarás embarazada. Tendrás a un bebé muy especial. Tu hijo será el Rey de Israel, como tu antepasado, el Rey David, y gobernará la tierra para siempre."

María, por las palabras del ángel, recordó el contenido de los rollos antiguos, en los que se leía la profecía sobre el rey prometido que defendería fiero como el león contra los mandones y crueles romanos, y gobernaría dulce como la miel a sus súbditos israelitas.

Sin embargo, María seguía muy, pero que muy confundida.

Estaba comprometida a José, sí. Pero aún no se casaba con él. Así que le preguntó al ángel Gabriel, cómo iba a ser posible que tuviera un bebé sin casarse.

Gabriel le dijo que no se preocupara. Para Dios no había imposibles. Dios quería un Hijo que pudiera llamar Suyo. El ángel agregó que una prima de María, Isabel, que vivía en otro pueblo cercano, tendría también un hijo pese a que ya era demasiado vieja para tener uno. ¡Eran milagros!

María aceptó lo que el ángel decía, y respondió a Gabriel: "He aquí la servidora del Señor. Que se haga según su palabra." Al instante, María quedó embarazada con el Hijo de Dios, y el ángel Gabriel desapareció justo como había llegado.

María pronto supo que el ángel decía toda la verdad: cuando visitó a su prima Isabel, ¡vio lo embarazadísima que se encontraba! Al darse un abrazo amoroso, pues las dos tenían algún tiempo sin verse, sus barrigas se encontraron, ¡y los bebés de dentro saltaron de contento! María decidió que se quedaría tres meses con su prima, ayudándole con los quehaceres de la casa para que así Isabel estuviera cómoda, y eso hiciera que el bebé naciera muy feliz.

Isabel le contó todos sus secretos a María: había estado muy triste porque pensó que cargaba una maldición, ya que había estado casada por muchos años pero nunca había tenido un hijo. El mismo ángel Gabriel de María se le habría aparecido a Zacarías, sacerdote del templo y esposo de Isabel. Gabriel le prometió a Zacarías que Isabel quedaría embarazada, y que tendrían un bebé. Este bebé sería especial. Se llamaría Juan, y anunciaría la llegada del Rey Prometido que venía después de él. Pero Zacarías no creyó al ángel, y él, en castigo, lo dejó mudo.

Mientras María estuvo viviendo con Isabel, su barriga creció, y creció. A los tres meses, debió decirle adiós a su prima. Al volver a Nazareth, María decidió que era hora de decírselo a su novio José. Por supuesto, que el muchacho carpintero se quedó muy enojado. No era posible que el bebé fuese suyo, se dijo él, porque aún no estaban casados. José se lo pensó por muchos días; amaba mucho a María, pero no podía ser el padre del hijo de otro hombre, así que la boda debería cancelarse.

Hasta que una noche, mientras José daba vueltas inquietas por su cama, tuvo un sueño. En este sueño, Gabriel, el ángel mensajero, le aseguró que el bebé de María fue concebido por Dios, y que necesitaban que él se casara lo más pronto posible con María.

Y entonces, cuando los preparativos estuvieron listos, José y María dieron una gran fiesta, y se casaron en Nazareth. Estuvieron muy felices, y mantuvieron el secreto del embarazo de María.

Meses después, Isabel tuvo a su bebé. Después de ocho días, Zacarías e Isabel llevaron al niño al templo. Cuando los sacerdotes preguntaron al padre por el nombre del niño, Zacarías, como aún no podría hablar, pidió una tablilla para escribir. Allí, él puso que se llamaría Juan.

¡De inmediato, Zacarías recuperó el habla! Y pasó muy contento todo ese día, alabando a Dios y su grandeza.

Capítulo Dos: El Nacimiento de Jesús

"Ella dio a luz a un hijo. Lo envolvió en pañales y lo acostó en un pesebre porque no había lugar para ellos... Pero el ángel dijo: 'No teman, porque les traigo la Buena Nueva. Les ha nacido hoy, en la ciudad de David, un Salvador que es Cristo Señor.' (Lucas 2:7. 10-11)

Después de que José y María se casaron, un soldado romano llegó a Nazareth. Sujetando una orden del emperador, el soldado les dijo a todos los nazarenos que debían viajar al lugar de origen de sus antepasados, para alistarse en el censo. Por si no lo sabes, un censo es una lista de nombres de las personas, donde se escribe dónde es que viven, y a qué se dedican. El emperador Augusto quería saber los nombres de todas las personas que vivían en Israel, y como José y María eran parientes lejanos del Rey David, debían marcharse a Belén para el censo. Belén era una pequeña ciudad cerca de Jerusalén.

María estaba embarazada, no le faltaba mucho para que naciera el bebé. Pero tenían que irse... o se meterían en graves problemas. José empacó todo en un carro, del que tiraría su caballo. María iría sentada atrás, en el carro, para que no se cansara. Muchas otras familias de Nazareth se les unieron, pues las personas, en aquellos tiempos peligrosos, no acostumbraban a salir solas de viaje. Conforme transcurría el camino, algunas familias fueron quedándose en los pueblos de los alrededores, pero otros acompañaron a José y María hasta Belén.

Ya estando en Belén, José dejó a María descansando en una fresca sombra, y se acercó a todas las posadas que albergaban visitantes. Para su mala suerte, ya todas las habitaciones estaban ocupadas. Por el censo, había ahora demasiada gente. José les dijo a todos que su esposa estaba embarazada, pero no pudieron ayudarlo; no había, simplemente, más lugares para quedarse.

En el último lugar en el que preguntó; José, muy desesperado, le dijo al posadero que necesitaba un lugar para acomodar a su esposa que estaba a punto de tener un bebé. El hombre, negando con la cabeza, le dijo que ya no tenía habitaciones, pero que contaba con un establo donde dormían sus caballos, asnos y ovejas. Podrían quedarse allí, si querían. José aceptó la oferta: María necesitaba un lugar seguro dónde descansar.

El establo contaba con una amplia zona libre al centro. Esta área era llamada pesebre, y estaba lleno de heno, agua y herramientas para alimentar a los animales. Las cuadras de los animales se situaban alrededor del pesebre. Olía dulce, por el heno, y el dueño lo mantenía muy limpio. José, con dulzura, ayudó a María a que bajara del carro. Con el heno en el pesebre, le fabricó a María una cómoda cama. El dueño vino a ellos con comida y agua; después de todo, aún si estaban en el establo, seguían siendo sus huéspedes.

Las colas de gente para el censo eran muy largas, y José y María debieron esperar por varios días antes de poder firmar. Uno de esos días, por la noche, María sintió que el niño se movía en su barriga... ¡Era la hora de que naciera! Muy pronto, el pequeño bebé nació. José lo tomó entre sus brazos para limpiarlo.

Después de eso, José lo envolvió en una manta que había sido mojada en agua con sal. Era la costumbre judía de aquellos tiempos; se consagraba así al niño a Dios, y se hacía el compromiso de criarlo siempre para que fuera bueno y honesto. La tela, a la que se llamaba pañales, cubría al niño mientras sus padres oraban por la salud y felicidad del bebé recién nacido. José recordó lo que el ángel Gabriel les había dicho: el Hijo de Dios debía llamarse Jesús.

Mientras el Hijo de Dios nacía en el pesebre, el ángel Gabriel voló por el campo que rodeaba a Belén. Un grupo de jóvenes, rodeados por un rebaño dormido de ovejas, disfrutaba de su cena al calor de una fogata. La tierra de Israel estaba llena de lobos y otros animales salvajes que se comerían a las ovejas si se estas quedaban solas, así que por eso los pastores las cuidaban a todas horas. Estos jóvenes pastores que comían sus cenas eran muy devotos de Dios, e iban a alabarlo todas las semanas a la sinagoga.

El ángel Gabriel se paró frente a ellos, brillando con una hermosa luz dorada. Los pastores se asustaron al ver al desconocido frente a ellos, pues nunca antes habían visto a un ángel. "No se preocupen," les dijo el ángel, sonriendo "porque vengo a darles una fantástica noticia."

"Esta noche, en Belén ha nacido un niño. Es el Mesías Dios prometido, el Rey de Reyes prometido a Israel. Vayan a la posada de Belén, y allí lo encontrarán envuelto en pañales, acostado en un pesebre con María, su Madre."

Un coro de ángeles, ante los sorprendidos ojos de los pastores, apareció junto a Gabriel. Con hermosas voces, cantaban todo tipo de alabanzas a Dios y su Hijo. Todos los ángeles juntos, entonaron: "¡Gloria a Dios en el cielo, y paz en la tierra a los hombres de buena voluntad!"

Cuando los ángeles desaparecieron, los pastores corrieron a toda velocidad hacia Belén. Ya en la posada, se dirigieron al establo y, justo como el ángel les dijera, encontraron al niño en pañales, durmiendo en los brazos de María. Los jóvenes se entusiasmaron tanto, que abrazaron a José, y besaron en las mejillas a María y al niño; comentaban entre ellos que Dios les había dado al nuevo rey, por lo que decidieron que debían contarle a sus amigos sobre Jesús, y la visita de los ángeles. Las personas que escucharon la historia de los jóvenes pastores, se sintieron muy felices. Nació en todos los corazones la esperanza, pues:

¡El Rey Mesías había llegado!

A la siguiente semana, José y María llevaron a Jesús al templo en Jerusalén. Según los ritos de aquellos tiempos, José compró dos palomas para el sacrificio. Mientras esperaban su turno para pasar al templo, los orgullosos padres se encontraron con dos personas especiales: Simón y Ana se llamaban. Estos dos amables ancianos les contaron, a María y José, que Dios les había prometido que no morirían sin antes haber visto al Salvador. Cuando Jesús despertó entre unos grandes bostezos, Simón y Ana comenzaron a llorar.

Simón pidió permiso a María, y tomó a Jesús entre sus brazos. Dijo él: "Señor, ya puedes liberar en paz a tu siervo, pues mis ojos han visto al Salvador. Será una LUZ REVELADORA PARA LOS GENTILES, y la gloria de Tu pueblo, Israel."

José y María se quedaron pasmados ante las palabras proféticas que Simón dedicaba al bebé Jesús.

Capítulo Tres: Los Tres Visitantes Guiados por la Estrella

"Después de que Jesús naciera en Belén de Judea, en los días del rey Herodes, magos provenientes del este llegaron preguntando '¿Dónde está el rey de los Judíos que ha nacido? Porque hemos visto su estrella, y venimos a adorarlo.' (Mateo 2:1-2)

Después del Nacimiento de Jesús, el censo estuvo firmado, y la pequeña familia pudo emprender el camino de regreso a Nazareth. Mientras Jesús, María y José se abrían paso por las arenas de Judea, un trío de hombres estudiosos de las estrellas, sabios astrónomos, se maravillaban por los eventos que contemplaban en el cielo. Los planetas se alineaban de maneras nunca antes vistas: el planeta Rey, Júpiter, se acomodaba con Régulo, la más brillante estrella de Leo, la constelación del león. Estos hombres sabios se preguntaron qué querrían decirles los planetas con sus formaciones.

Cientos de años atrás, antes del nacimiento de Jesús, los astrónomos de un país llamado Persia habían sido profetizados por Daniel, un hombre muy sabio, de que nacería en Israel un Rey cuyo reinado no terminaría jamás. Dios revelaría su plan a las estrellas en sus constelaciones.

A los astrónomos encargados de estudiar los movimientos de los cuerpos celestes, por todos los secretos maravillosos que veían en el cielo, se les conocía como magos. Todos los magos conocían y confiaban en la profecía de Daniel, pues Daniel era un protegido de Dios que, por medio de sus sueños, conocía los secretos de los reyes. Los viejos magos enseñaban a los más jóvenes acerca de la profecía de Daniel, y todos escudriñaban el cielo, sin falta, cada noche, en busca de la estrella del Rey.

¡Y por fin aparecía! Los signos estaban en las estrellas, y éstas decían que el Rey había nacido. "Debemos ir a adorarlo", concluyeron los magos tras discutirlo un poco entre ellos. Se prepararon para el largo viaje desde Persia, y en las mochilas que sus camellos cargaban, guardaron objetos preciosos para dárselos como regalo al Rey recién nacido: oro, y unas especias raras conocidas como incienso y mirra.

Como la Estrella los guiaba hacia allá, los magos se dirigieron al reino de Israel, donde gobernaba el malo de Herodes, y pidieron ver al Rey recién nacido.

Herodes estuvo muy enojado con los magos: ¡él era el único rey de Israel! ¿De dónde sacaban estos extraños a un nuevo rey?

Los magos le contaron a Herodes sobre los signos en los cielos, y las profecías de Daniel sobre el Rey Eterno. También, que los rollos antiguos decían que este rey nació en Belén, en la ciudad de David, dos meses.

Como no obtuvieron ninguna ayuda del malo de Herodes, los magos se montaron de nuevo a sus camellos, y recorrieron la corta distancia que separaba a Belén de Jerusalén. Allí, preguntaron por el nuevo rey. Muchas personas en Belén conocían sobre Jesús debido a las historias increíbles que los pastores contaron a todos sobre esa noche. Así fue como los magos supieron que José y María solo visitaban Belén por el censo, y que en realidad ya habían regresado a su pueblo natal de Nazareth.

Los magos no se rindieron. Viajaron al norte del mar de Galilea, encontraron el pueblo de Nazareth, y, en él, a la casa de José el Carpintero. José, que se encontraba muy confundido, los dejó pasar. Los magos vieron, jugando en el suelo con su madre María, al pequeño bebé Jesús.

Los magos contaron, a los padres de Jesús, que venían de muy lejos para conocer al nuevo rey, y para honrarlo con obsequios. De las mochilas de los camellos, bajaron las jarras rebosantes con monedas de oro, las especias, y las telas preciosas. María se quedó muy conmovida ante las pruebas que Dios les daba, a ella y a José, sobre la identidad divina y real del pequeño Jesús.

Al irse los magos, Gabriel se apareció de nuevo en los sueños de José para advertirlo sobre Herodes. El rey malo, enojado con el bebé que, según él, le quitaría su trono, ahora buscaba a Jesús para matarlo. Herodes ordenaba la muerte de todos los niños menores a dos años que vivieran en las cercanías de Belén. Muchos niños murieron en esa época, pero gracias al aviso del ángel, José empacó su carro a toda prisa y huyeron a Egipto. Solo hasta que Herodes murió, Jesús, María y José pudieron volver a Nazareth sin nada que temer.

Capítulo Cuatro: Jesús se pierde

"Tres días después, encontraron al niño en el templo, sentado entre los maestros de la ley, haciéndoles preguntas y escuchando las respuestas. (Lucas 2:46)

José y María hicieron un gran trabajo criando al niño Jesús. Puesto que José era un carpintero muy habilidoso, ganaba muy buen dinero que le permitía cuidar bien de su familia, y además usaron los obsequios de los magos para comprar muchas otras cosas. María tuvo más bebés, niños y niñas: entre los hermanos de Jesús se contaban a Santiago, José, Tadeo, y sus hermanas.

Jesús era como cualquier otro niño. Tenía los juguetes que José le construía con madera, y un grupo de amigos con los qué jugar. Tuvo que aprender a leer: fue a la escuela y a la iglesia para ser un niño listo.

Los judíos celebraban Pascua en primavera, Pentecostés en el verano, y los Tabernáculos en el otoño. Todos los judíos debían acudir en Pascua al templo, en Jerusalén, para honrar a Dios. Como fieles seguidores de las leyes de Moisés, José y María, además de llevar a la sinagoga a los niños cada fin de semana, acudían cada año a Jerusalén, y se quedaban allí los tres días santos de la Pascua.

Como era peligroso viajar en solitario, las familias de amigos se juntaban para acudir todos en una gran caravana a Jerusalén. Los hombres iban con los hombres, las mujeres con las mujeres, y los niños con sus amigos. Niñeros cuidaban de los pequeños, y se aseguraban de su bienestar. Por las noches, todos se reunirían alrededor de las fogatas para compartir la cena.

Durante la Pascua del año que Jesús cumplió doce años, la familia visitó Jerusalén. El templo de Jerusalén, construido con gigantescos bloques de piedra caliza blanca, con sus dos patios para gentiles y judíos, y la cámara del Sumo Sacerdote, donde en la Noche de las Noches se realizaban los sacrificios para expiar los pecados del pueblo judío, era tan hermoso que impresionaba año con año a todos los visitantes. El rey Herodes lo habría construido en el sitio exacto donde antes estuviera el templo del rey Salomón.

En la cena de Pascua, las familias se juntaban para comer el delicioso cordero, los panes sin levadura y los duros vegetales. Este banquete les recordaba el milagro de Moisés, que los salvó del Ángel de la Muerte, cuando éste sobrevoló Egipto matando a los primogénitos egipcios, y perdonando a los judíos. También los hacía pensar en el mar Rojo abriéndose para dejarlos tomar rumbo al monte Sinaí. Después del banquete, asistían al templo para recibir las bendiciones sacerdotales, y veían al Sumo Sacerdote, entrando a la cámara de los sacrificios, para pedir por el perdón de los pecados del pueblo judío.

Al terminar los días de Pascua, José y los hombres organizaron el viaje de regreso. Viajaron todo el día, y cuando llegó la hora de dormir, ya habían recorrido una buena parte del camino a casa.

María fue a ver a los niños. Allí estaban Santiago, José, Tadeo y las niñas, pero... ¿Dónde estaba Jesús? Sintiéndose muy asustada, María preguntó a todos, y pronto se echó a llorar. ¡Ni las niñeras se habían percatado de su ausencia!

"No puede ser" se desesperó María, pensando en todas las cosas que el ángel le había dicho "Hemos perdido a mi hermoso hijo, el rey prometido". José, para consolarla, le pasó a María un brazo por el hombro. "Regresaremos a buscarlo, no te preocupes", aseguró él con una sonrisa.

A la mañana siguiente, José y María dejaron a los niños a cargo de un amigo, y abandonaron el campamento para la búsqueda de Jesús; al anochecer, los padres llegaron de nuevo a Jerusalén. Como no era una buena idea buscarlo entre la multitud cuando estaba oscuro, se quedaron a dormir esa noche.

A la mañana siguiente, salieron a la ciudad para buscar al hijo perdido. Fueron de casa en casa preguntando por Jesús. Por fin, un hombre les dijo algo que los pondría sobre la pista correcta: "Creo que vi a un niño parecido a él, ayer en el templo". José y María, sorteando los callejones llenos de gente, corrieron juntos hacia allá. En la entrada, preguntaron a los guardias si habían visto a Jesús: ellos respondieron que sí, que había un niño como Jesús reuniéndose en ese momento con los sumos sacerdotes.

Los aliviados padres fueron conducidos a una sala, en donde encontraron a su hijo. Ahí estaba Jesús; rodeado por los fariseos y saduceos, que eran los sacerdotes más experimentados del templo, el niño les hacía preguntas sobre Dios y sus promesas sobre el Rey Prometido. Los sacerdotes también le hacían preguntas difíciles sobre las leyes e historias de los israelitas, e iban quedándose muy asombrados por las respuestas correctas que el niño les daba.

Al darse cuenta Jesús de que sus padres estaban en la habitación, se levantó corriendo a darles un gran abrazo. María lloraba de nuevo, esta vez de felicidad. José comenzó a regañarlo por separarse del grupo, e irse sin permiso. María le preguntó a su hijo: "¿Por qué te fuiste? Nos preocupábamos mucho al pensar que jamás te encontraríamos."

Jesús miró a sus padres, y les dijo: "Mamá, papá, ¿qué no se dan cuenta de que debería estar haciendo lo que mi Padre desea que haga?" José y María no entendieron de qué hablaba Jesús, pues él se refería a Dios. Sin embargo, estaban felices por tenerlo de vuelta, así que volvieron juntos a Nazareth.

Jesús fue a la escuela con los demás niños, y aprendió sobre Abraham, Moisés y los profetas, y sobre la historia de los judíos bajo el reinado de diferentes reyes. Creció hasta ser un muchacho, y después un adulto; asistiría a su padre en la tienda de carpintería, ayudaría a su madre, sería parte de la comunidad, iría cada fin de semana a la sinagoga y tendría sus propios amigos

¡Todos pensaban que Jesús era un joven excelente!

Capítulo Cinco: Jesús es Bautizado

"Después de ser bautizado, Jesús salió del agua. Los cielos se abrieron, y él vio al Espíritu Santo bajando en forma de paloma para iluminarlo. Una voz, desde los cielos, habló: 'Este es mi hijo bienamado, en quien tengo mis complacencias.'." (Mateo 3:16-17)

Jesús era un joven de treinta años, aceptado como un adulto maduro en el seno de la comunidad judía. Y estaba inquieto. Había escuchado sobre su primo Juan, que se estaba volviendo una celebridad por todo el país de Israel. Juan había vivido por meses en el desierto, sobreviviendo con lo que Dios proveía: vestía una piel de animal salvaje, sujeta con un cinturón de cuero, y no comía más que langostas y miel.

Para cuando regresó del desierto, Juan viajó por todo Israel, enseñando sobre un Rey que estaba cerca. Algunas personas pensaban que Juan era el mesías que habían estado esperando todos esos largos años. Sin embargo, Juan lo negaba todo, diciendo que él no era más que el mensajero de aquel que estaba por venir, y que no era siquiera digno de atarle las correas de las sandalias.

El pueblo de Israel, su espíritu, estaba muerto. Por cuatrocientos años, no había habido un profeta en Israel. El último profeta, antes de Juan el Bautista, había sido Malaquías. Juan el Bautista predicaba la venida del Mesías, llamando "raza de víboras" a las personas de su tiempo. Malaquías profetizó la llegada de Juan: "He aquí que les enviaré un mensajero, y él preparará el camino del Señor".

Juan le decía a la gente que se bautizara en el río Jordán, pues le hacían saber a Dios, con eso, que estaban dispuestos a volver a su camino; él bautizaba con agua, aseguraba Juan, pero llegaría pronto el nuevo rey que los bautizaría con el

Espíritu Santo. Las personas lo seguían para escucharlo hablar sobre los profetas y el Mesías. En ese momento, Juan no sabía que estaba profetizando sobre su propio primo Jesús.

Dios le dijo a Jesús que debía reunirse con Juan a la orilla del río Jordán. Ahí, Jesús se sentó en la hierba con los demás, y escuchó a Juan predicando de los milagros que Dios había hecho por Israel, y de cómo era necesario que todos volvieran a Él. Cuando terminó de hablar, Juan ofreció bautizar a todo aquel que deseara hacerlo.

Jesús se levantó y caminó hacia Juan. Ambos se sonrieron antes de darse un fuerte abrazo, y Jesús dijo a Juan: "Me gustaría que me bautices." Juan negó con la cabeza, y respondió: "¡Tú deberías ser quien me bautice a mí!".

Jesús miró muy profundo a los ojos de Juan, y declaró: "Querido Juan, ya llegará el día en el que podré hacerlo. Pero este es el momento para que cumplas a los ojos de Dios con tu destino, y me permitas cumplir más tarde con el mío."

Juan lo condujo al río, y sumergió a Jesús en el agua. Cuando Jesús se levantó, el agua le escurría por el cabello, la barbilla y la ropa. Entonces, todos vieron cómo una paloma descendía del cielo, se posaba en la cabeza de Jesús, y desaparecía. Una voz profunda que venía de arriba, se escuchó con fuerza: "Este mi hijo bienamado, en quien tengo mis complacencias."

La multitud se maravillaba. Jesús y Juan se miraron sonriendo, y Juan abrazó de nuevo a su primo. En el momento en el que la paloma se posó en Jesús, él fue capaz de comunicarse directamente con su Padre, y comenzó así }con su propio y justo ministerio.

Desde ese día, Juan enseñaría a todos sus seguidores que Jesús era el "Cordero de Dios, que quita todos los pecados del mundo". Les dijo también, que se prepararan a seguirlo en su lugar, pues Jesús era el Hijo de Dios.

Capítulo Seis: Jesús Escoge a sus Discípulos

"Mientras Jesús caminaba por la orilla del Mar de Galilea, vio a dos hermanos. Simón, llamado Pedro, y su hermano Andrés, arrojaban una red al mar, pues eran pescadores. Y Él les dijo: 'Síganme, y los haré pescadores de hombres.'." (Mateo 4:18-19)

Dios llevó a Jesús al desierto, donde reflexionó por cuarenta días sobre el ministerio que llevaría a cabo, sobre las escrituras, su futuro sobre la tierra y las enseñanzas de su niñez. Casi al final de ese tiempo, el Diablo vino a Jesús. Primero lo tentó con comida, pues llevaba mucho tiempo sin probar alimento. Después, Satanás intentó que se arrojara por el abismo para que los ángeles de Dios lo salvaran. Al último, el diablo le aseguró que lo haría Rey del Mundo, más rico de lo que pudiera imaginarse, si tan sólo se postraba y lo adoraba. El Demonio podía hacerlo puesto que, por el pecado de Adam, Lucifer se había hecho con el control del mundo humano. Jesús respondió a cada tentación con la palabra de su Padre, y el Diablo no tuvo más remedio que marcharse con las manos vacías.

Al regresar Jesús del desierto, Dios le dijo que necesitaba un equipo que trabajara codo a codo con él. Jesús buscó a las personas que pudieran seguirlo y aprender de sus enseñanzas directas; sabía que miles lo seguirían, pero él quería a ciertos discípulos especiales a los qué enseñarles los secretos más profundos de Dios, y que continuarían esparciendo su Buena Nueva cuando él ya no estuviera.

Jesús preguntó a dos de los seguidores de Juan, creyentes de su naturaleza divina: "¿Por qué me siguen?"

Los hombres respondieron: "¿Dónde vives? Queremos que nos cuentes más sobre Dios." Jesús, entonces, los condujo a su casa, donde comieron, y se quedaron despiertos hasta muy tarde hablando de Dios. A la mañana siguiente, Andrés, uno de los antiguos seguidores de Juan, le dijo a Jesús que iría a por su hermano, pues también le encantaría conocer más sobre Dios.

Andrés regresó con su hermano Simón. Jesús, al verlo, le dijo que lo llamaría Pedro: Pedro significa "pedrusco". Pedro era un hombre impredecible. Un día era un creyente fiel y, al otro, se acobardaba. Algún día, Pedro negaría a Jesús: Él ya lo sabía, y por eso decidió llamarlo de esa forma. Andrés, Pedro, y el otro discípulo, se quedaron con Jesús, charlando todo el día sobre todo tipo de cosas increíbles.

Al día siguiente, Jesús y sus tres nuevos amigos decidieron dar un paseo por la orilla del Mar de Galilea. Hacía un día hermoso; una brisa delicada soplaba sobre el lago. Los botes de pesca navegaban por las olas que se formaban, y muchos de éstos ya pescaban en el centro del lago.

Los cuatro hombres continuaron caminando por la orilla, hasta que estuvieron lo suficientemente cerca de un bote que se aproximaba a la costa. Todos ellos se conocían, pues la aldea pesquera era muy pequeña. Estaban el pescador Zebedeo, y sus dos hijos Santiago y Juan. Se encontraban muy ocupados reparando los agujeros en sus redes, pero accedieron a acercarse de buen grado cuando Jesús lo pidió. Santiago y Juan se interesaron mucho por lo que Jesús les decía, así que pidieron permiso a su padre Zebedeo para irse con Jesús.

Después, en la aldea vecina, conocida como Betsaida, se quedaron en casa de Andrés y Pedro. Uno de los hermanos corrió veloz, regresando con su amigo Felipe. Felipe estaba muy emocionado por conocer a Jesús, y al ver lo felices que estaban sus amigos, decidió que traería a también a Natanael, otro amigo.

Fue así como Jesús pudo encontrar no solo a seguidores, sino a amigos comprometidos con Su Palabra, deseosos de aprender los más grandes secretos de Dios. Los llamó Apóstoles, y fueron doce. Ya que estos hombres creían firmemente en Dios, y no eran como el resto de la gente que solo comprendería las enseñanzas básicas, Jesús confió en ellos.

Los apóstoles eran Pedro, Andrés, Mateo, Santiago, Felipe, Tomás, Juan, Bartolomé, Santiago el hijo de Alfeo, Simón el Zelote, y Judá, el hermano de Santiago. Por último, pero no menos importante: Judas Iscariote. A diferencia de los primeros, que provenían de Galilea, Judas había nacido en una región llamada Iscariote, cercana al Mar Mediterráneo. Y de su ciudad natal tomaba, entonces, el nombre.

Capítulo Siete: Agua Convertida en Vino

"Y Jesús les dijo: 'Llenen con agua las tinajas.' Así lo hicieron ellos. Jesús les dijo entonces: 'Tomen un poco, y llévenselo al jefe de meseros.' Y así lo hicieron. Cuando el jefe de meseros probó el agua, ésta se había convertido en vino." (Juan 2:7-9)

Cuando Jesús tuvo listo a su equipo, se fue a predicar en todas las sinagogas judías de Galilea. En la sinagoga de Nazareth, su pueblo, fue su turno para leer las Escrituras. Se acostumbraba que cada hombre tomara un turno, cada semana, para leerlas.

Jesús leyó, del rollo de Isaías:

El espíritu del Señor ha descendido sobre mí

Porque el Señor me ha ungido

Para darles las Buenas Nuevas a los afligidos;

Me ha enviado para sanar a los descorazonados,

Para proclamar la liberación de los cautivos

Y darles la libertad a los presos;

Para proclamar que este, es el año del Señor.
(Isaías 61:1-2)

Esta declaración de la profecía de Isaías resumía bien lo que sería el ministerio de Jesús. Jesús se detuvo antes del final del verso, que decía "Y el día de la Venganza de nuestro Dios", pues ese día aún estaba por llegar.

Un día, Jesús y su madre fueron invitados a unas fiestas nupciales en el pueblo vecino de Caná. Las bodas eran largas y alegres fiestas, pues transcurrían a lo largo de varios días, ¡e incluían vino y comida a montones!

En algún punto de la fiesta, María se acercó a su hijo Jesús para decirle que los novios se habían quedado sin vino. Jesús le respondió a su madre que no era su responsabilidad conseguirles más vino a los novios, pues no era su boda, pero que, sin embargo, arreglaría el problema. María regresó con los meseros, apuntó a su hijo, y les dijo: "Hagan todo lo que él les diga."

Entonces, Jesús se acercó a los siervos; les ordenó que consiguieran las seis tinajas más grandes de barro que pudieran encontrar, y que las llenaran hasta el borde con agua. Jesús se dirigió a su Padre y, cuando Él le dijo que era la hora, Jesús dijo a uno de los meseros, que llenara una taza con el agua, y se la diera a probar al padre de la novia. El sirviente hizo lo ordenado, y el padre de la novia probó el agua, que se había convertido en el más delicioso vino. Nadie, exceptuando a los meseros, sabía que las tinajas solo habían contenido agua, y no vino.

El padre de la novia mandó llamar al novio, su nuevo nuero, y le dijo a la multitud que creía habían estado bebiendo el vino más malo, ¡pero ahora era el turno del mejor vino! Él no lo sabía, pero el padre de la novia estaba refiriéndose a

Jesús, el mejor vino que podría haber en la habitación. Este milagro de Jesús, fue el primero que Él llevó a cabo en su ministerio.

Capítulo Ocho: Jesús Apacigua la Tormenta

"Y Él les dijo: '¿Por qué tienen miedo, hombres de poca fe?' Entonces se levantó, y reprendió a los vientos y al mar, y todo se puso en calma. Los hombres se maravillaron, y dijeron: '¿Quién es este, a quien los vientos y mares obedecen?'." (Mateo 8:26-27)

Jesús y sus apóstoles se habían pasado el día enseñando a grandes multitudes en Cafarnaúm, una ciudad mucho más grande que Nazareth, que se situaba a orillas del Mar de Galilea. Jesús, con gran majestad y poder, enseñó en la sinagoga de Cafarnaúm sobre la Liberación de Dios.

Un hombre poseído salió de entre la multitud. El Diablo tiene a miles de espíritus menores a su cargo y, a veces, estos espíritus se apropian de las mentes de aquellos que no creen en Dios. Dios, originalmente, creó a todos los ángeles, y puso a tres de ellos a cargo de los demás: Miguel, Gabriel, y Lucifer. Miguel era el ángel que luchaba por los creyentes de Dios. Gabriel era el mensajero divino que entregaba los mensajes de buenaventura, y Lucifer era el ángel de la Luz. Cuando el ángel Lucifer se rebeló contra Dios, pensando que sería tan bueno como Él, Dios lo arrojó a la Tierra. Lucifer cayó, llevándose a una tercera parte de sus seguidores con él.

"¿Cómo caíste del cielo, Estrella de la Mañana, hijo de la aurora? ¿Cómo tú, el vencedor de las naciones, has sido derribado por tierra?" "En tu corazón decías: 'Subiré hasta el cielo; Levantaré mi trono por encima de las estrellas de Dios, Y me sentaré en la montaña donde se reúnen los dioses Allá donde el norte se termina. 'Subiré a la cumbre de las nubes; Y seré igual al Altísimo.' "Más, ¡ay! Has caído en las honduras del abismo, al lugar a donde van los muertos. (Isaías 14:12-15)

Dios es amor perfecto. Él no hiere o mata. Pero el Diablo solo miente, mata y destruye. Los ángeles de Satanás lo adoran como a su Dios, y siguen sus órdenes sobre la tierra. Son los demonios los que lastiman y matan, los que enferman y hacen morir, los que hacen que los hombres hagan cosas malas.

El hombre poseído caminó hacia Jesús, y le dijo: "¡Déjanos en paz, Jesús! ¿Es que has venido a destruirnos? Yo sé quién eres tú, ¡eres el Hijo de Dios!" El hombre no sabía sobre Jesús, pero el espíritu maligno dentro de él, sí que lo sabía. Jesús le ordenó al espíritu que abandonara de inmediato el cuerpo del pobre hombre: así, aquel hombre quedó liberado de su tormento. El espíritu de Dios, que actúa a través de las personas que creen en él, es muchísimo más poderoso que las fuerzas del mal. Y si Dios ordena que se marchen, los demonios tendrán que hacerlo.

Aquellos presentes en la sinagoga, se asombraron de ver a un hombre con tanto poder. La noticia se regó por todo Cafarnaúm, y muchas más personas acudieron a verlo y oírlo. Trajeron con ellos a sus enfermos, y Jesús rogó a Dios que los samara a todos. Era verdaderamente maravilloso, ver a todas las personas felices, abrazándose unas a otras tras ser testigos de los milagros que Jesús obraba.

Pedro le pidió a Jesús que viniera a su casa, pues su madre estaba enferma. La multitud los siguió hasta la casa, y esperó a que Jesús y sus apóstoles salieran de allí. Jesús fue junto a la madre de Pedro, oró por ella, y ella fue sanada. Se sintió tan bien, la buena señora... ¡que se levantó a prepararles la cena!

Las personas de fuera siguieron llamando a Jesús. Cuando él salió, la muchedumbre había crecido, y aún más enfermos esperaban a ser curados. Jesús estuvo enseñando y sanando hasta que fue muy tarde por la noche.

Jesús estaba agotado, pero las personas no dejaban de llegar. Entonces, Jesús le pidió a uno de sus apóstoles que consiguiera un bote prestado, para así poder alejarse y descansar un poco. Cuando consiguieron el bote, todos subieron a bordo. Jesús se quedó profundamente dormido.

De pronto, en mitad del lago, lejos de la costa, un vendaval fortísimo se soltó y las olas crecieron. El bote amenazaba con volcarse; el agua comenzó a colarse dentro. Los apóstoles temían que el bote se hundiría, ahogándolos a todos. Y Jesús seguía durmiendo tan tranquilo...

Terminaron tan aterrados, que sacudieron por fin a Jesús para que se despertara, y le gritaron: "¡Ayúdanos, Maestro! ¡Moriremos ahogados!"

Jesús suspiró, sacudiendo la cabeza. Sus discípulos habían visto toda clase de milagros el día anterior, y ahora estaban asustados. "¿Por qué tienen miedo, hombres de poca fe?". Parecía que ellos aún no confiaban los suficiente en que Dios podía obrar maravillas.

Jesús se paró al borde del bote, inclinó su cabeza y oró a Dios. El viento se calmó de inmediato, y el océano se quedó tan liso como un espejo. Los sorprendidos apóstoles se quedaron murmurando entre ellos: "¿Quién es este, a quien los vientos y mares obedecen?". Jesús les sonrió, bostezando, y volvió a acostarse para dormir.

Jesús viajó por toda Galilea, predicando, enseñando y curando a todos los enfermos. Sus acciones captaron la atención de los líderes religiosos de aquellos días, que empezaron a preguntarse cómo era que un hombre corriente, como ellos, se sentía con el derecho de curar y perdonar los pecados de los enfermos. Le tenían miedo a Jesús, pues era evidente que el poder de Dios lo acompañaba.

En ese tiempo, los sacerdotes, en realidad, no amaban u obedecían a Dios y sus leyes. Vivían muy bien gracias a las donaciones que la gente daba al Templo, y amenazaban con deshacerse de cualquiera que pretendiera arrebatarles su opulento estilo de vida. Estos dos grupos principales de sacerdotes, conocidos como fariseos y saduceos, se inventaban un montón reglas tontas, sin base alguna en los profetas, que todos debían respetar. Juzgaban la comida de las personas, su vestimenta, o sus acciones, solo porque les gustaba el control que ejercían sobre los demás. Jesús, en numerosas ocasiones a lo largo de su ministerio, les hizo saber que se comportaban como unos pecadores, porque solo estaban perjudicando a las personas que deberían de estar acercando a Dios.

Capítulo Nueve: El Sermón de la Montaña

"Cuando Jesús vio a las masas, subió a la montaña. Después de sentarse, sus discípulos subieron con Él. Y Él comenzó a enseñarles..." (Mateo 5:1-2)

Después de predicar Jesús por toda la región de Galilea, en donde se localizaba Nazareth, más y más personas de todo el país, desde Jerusalén hasta más allá del río Jordán, comenzaron a seguirlo para escucharlo: Jesús enseñaba y hacía milagros en la sinagogas, los mercados, las calles, y las casas de aquellos que lo invitaban.

Un día se formó una muchedumbre tan grande, que las personas de atrás no podían ver ni escuchar nada de lo que estaba sucediendo. Entonces, Jesús les dijo que lo siguieran. Salieron de la ciudad, hasta llegar al pie de una montaña, donde Él podría pararse para que todos lo vieran y escucharan, así que todos se sentaron al pasto para oír su prédica.

Jesús, en un tono amoroso pero firme, habló acerca de Dios. Las personas se emocionaron cuando lo escucharon decir que ahora nombraría una serie de reglas que los ayudarían a vivir felices honrando a Dios.

Bienaventurados sean los pobres de espíritu, porque de ellos es el Reino de los Cielos.

Bienaventurados sean los que sufren, porque recibirán consuelo.

Bienaventurados sean los pacientes, porque heredarán la tierra.

Bienaventurados sean los que tienen hambre y sed de justicia, porque serán saciados.

Bienaventurados sean los compasivos, porque obtendrán misericordia.

Bienaventurados sean los de corazón limpio, porque verán a Dios.

Bienaventurados sean los que trabajan por la paz, porque serán reconocidos como Hijos de Dios.

Bienaventurados sean cuando los persigan, maldigan y levanten calumnias de todo tipo por causa de mi nombre.

Alégrense y estén contentos, porque será grande la recompensa en el Cielo. Pues bien saben ustedes que así fueron perseguidos los profetas antes de ustedes. (Mateo 5:2-12)

Jesús continuó enseñando por horas sobre la Ley de Moisés, y los Diez Mandamientos, y cómo las personas malas los habían torcido para sacar provecho. Jesús les recomendó que fueran siempre pacíficos, amantes, y siempre dispuestos a perdonar al prójimo. Si procedían así, su luz brillaría para todo el mundo.

Las enseñanzas de Jesús, amables, amorosas, que hacían pensar en Dios como en un padre amante, eran todas muy diferentes a las órdenes de los malhumorados sacerdotes de las sinagogas. Los sacerdotes siempre insistían en que la gente debía odiar y temer a los pecadores, o Dios los castigaría.

Jesús también regañaba a aquellos presumidos que se detenían a orar en las esquinas de las calles para que los demás envidiaran su devoción. Les recomendaba que mejor se fueran a hablar con Dios, en privado. Incluso, les enseñaba un modelo de oración para dirigirse a Él:

"Padre Nuestro, que estás en el Cielo, Santificado sea tu reino. Venga a nosotros tu Reino. Hágase Tu Voluntad, En la Tierra como en el Cielo. Danos el pan de cada día.

Y perdona nuestras ofensas, como también nosotros perdonamos a los que nos ofenden.

No nos dejes caer en la tentación, y líbranos de todo mal. Porque tuyos son el Reino y la Gloria por siempre. Que así sea." (Mateo 6:9-13)

Para cuando atardecía, muchos se abrazaban, sonriendo, y otros lloraban. Pues entendieron que un Hombre, les hablaba directo desde el corazón de Dios.

Capítulo Diez: Jesús Perdona y Cura a un Paralítico

"Y ellos trajeron cargando consigo a un paralítico. Al no poder acercarse a Él por la muchedumbre, quitaron las tejas del techo y, con unas cuerdas, bajaron una camilla. Y Jesús, viendo la Fe de aquellos hombres, dijo al paralítico: 'Hijo, tus pecados te han sido perdonados.'." (Marcos 2:3-6)

Jesús y sus apóstoles volvieron a la ciudad de Cafarnaúm. La gente los seguía allá donde fueran, y rodearon a la casa en la que se hospedaba Jesús: era un caos total, todos se empujaban para asomarse por las ventanas porque querían verlo.

Mientras él predicaba, como de costumbre, cuatro hombres que cargaban a un quinto se acercaron a la casa. El hombre que cargaban se encontraba paralizado, no podía hablar, mucho menos caminar. Sus amigos lo llevaban para que Jesús lo curara, pero... No pudieron acercarse ni un poco, la gente era demasiada.

En aquellos días, muchas de las casas contaban con techos planos, construidos con madera o paja. Uno de los hombres sugirió que deberían subir al techo, quitar parte de la paja, y por ahí bajar la camilla del paralítico. ¡Era un plan excelente! Consiguieron algo de cuerda, y ataron los extremos de la camilla. Tras quitar una parte del techo, los cuatro bajaron a su amigo hasta donde estaba Jesús.

Jesús sonrió a los hombres en el techo, sorprendido de lo que eran capaces de hacer por ver sanado a su amigo. Tras posar la mano en la cabeza del hombre paralítico, e inclinarse para mirarlo a los ojos, Jesús dijo: "Hijo, te perdono todos tus pecados."

Sin embargo, los fariseos de la sinagoga, que también presenciaban el milagro, comenzaron a murmurar con descontento: "Un hombre no puede perdonar los pecados, solo Dios puede". Jesús se enderezó, dándose la vuelta para enfrentarlos: "Ustedes dudan del poder de Dios. ¿Qué es más fácil de decirle? ¿'Te perdono tus pecados', o 'Levántate y camina'? Para Dios no hay imposibles, y él ha dado a su Hijo el poder sobre la tierra para perdonar los pecados."

Jesús volvió de nuevo con el hombre: "Toma tu camilla, y vete a tu casa". El hombre se levantó, y abrazó con fuerza a Jesús, llorando lágrimas de agradecimiento. La muchedumbre, maravillada, lo dejó pasar, y todos dijeron: "Nunca antes hemos visto cosa semejante.

Capítulo Once: La Gran Fe del Centurión

"Cuando Jesús entró en Cafarnaún, un centurión vino a encontrarlo para rogarle: 'Señor, mi sirviente sufre, paralizado y en cama'. Jesús le contestó 'Iré enseguida a curarlo.'." (Mateo 8:5-7)

Cuando Jesús estaba a punto de irse, un soldado romano en uniforme, un oficial del ejército, se acercó a Él. Era un centurión, un hombre que tenía a cientos de soldados a sus órdenes. El centurión preguntó a Jesús: "Señor, ¿podrías ayudar a mi sirviente? Está paralizado, enfermo, y sufre mucho dolor." Era evidente que el centurión había escuchado sobre los milagros de Jesús.

Jesús le respondió, "Claro, iré contigo."

El oficial continuó: "Señor, no soy digno de que entres a mi casa. Soy un oficial romano, y todos siguen mis órdenes. Si le digo a alguien que marche, marchará. Si le digo que pelee, peleará. Pero he escuchado de tus milagros y muchas otras cosas más. Yo creo en que tus palabras, y todo lo que haces, viene de Dios."

Jesús se quedó conmovido por las palabras del soldado, puesto que él había sido enviado a los judíos, no a los romanos. Y había aquí frente a Él, un gentil que creía en Su Palabra. Debes saber que, en los rollos antiguos, todo aquel que no era judío, era conocido como un Gentil.

"Jesús, si tú dices que lo curarás, yo creo en Ti."

Jesús no había visto tal fervor en los judíos. Solo creían en él cuando veían un milagro, pero no existía todavía nadie que creyera sus palabras sin haber asistido a un hecho milagroso. Entonces le dijo al centurión, que muchas personas de todos los lugares del mundo, judíos y gentiles, se unirían bajo una sola causa. Pero, que, sin embargo, aún quedarían muchos judíos que no creerían en las acciones de Dios. "Pero tú has creído, sin ser judío. Dios ha visto tu fe, y tu sirviente será curado". En ese momento, el sirviente en la casa del centurión comenzó a sentirse mejor de su enfermedad, ¡y estuvo curado de inmediato!

Jesús dejó Cafarnaúm, pues se dirigiría a una pequeña ciudad llamada Naím. Sus apóstoles, y una gran multitud, lo acompañaron hasta allá. A la entrada del pueblo, Jesús se encontró con un concurrido cortejo fúnebre: había muerto un pequeño niño. Su madre, una viuda desconsolada, sollozaba pues había perdido a su único hijo. Jesús le dijo "No llores más, mujer." Tocando la cabeza del niño, murmuró: "Levántate, mi pequeño."

¡El niño revivió! Los que presenciaron todo, creyeron al instante en Jesús y sus milagros.

Capítulo Doce: Alimentando a una Multitud

"Y Jesús tomó cinco panes y dos pescados. Mirando al cielo, los bendijo y repartió los panes entre sus discípulos. También tomó los dos peces, y los pasó. Todos comieron, y quedaron muy satisfechos." (Marcos 6:41-42)

Jesús decidió que era tiempo de enviar solos a sus discípulos, para que comprobaran, por ellos mismos, que también poseían el poder de Dios que les permitiría hacer milagros. Los emparejó en equipos de seis, y les ordenó que no tomaran ningún pago que les ofrecieran, y que no cargaran ropas. Dios se encargaría de proveerlos de lo necesario.

Jesús les dijo también: "No se preocupen si las personas no les creen. Solo sacúdanse el polvo, y vayan a otro lugar. Ellos aprenderán sobre Dios y, si no lo hacen, tendrán que enfrentar las consecuencias. No es su culpa si no les creen, ustedes ocúpense de hablar con la verdad, y déjenles a ellos la decisión de creer, o no creer."

Los apóstoles fueron e hicieron como se les había ordenado. Las personas que deseaban aprender más de Dios, les dieron comida, y cómodas camas dónde descansar. Los seis equipos enseñaron lo que habían oído decir a Jesús, y obraron muchos milagros, con lo que comenzaron también a ganar seguidores.

Cuando regresaron con su Maestro, estaban todos muy emocionados, y le contaron a Jesús sobre sus viajes, sobre las enseñanzas y los milagros. Jesús estaba muy feliz al ver que sus apóstoles experimentaron por sí mismos el amor de Dios, y comprobaron el poder de una oración rezada con fe.

Jesús sabía que ellos estaban muy cansados, así que los llevó a un lugar tranquilo en el desierto. Pero las masas los siguieron, y pronto estuvieron rodeados de gente. Cerca de cinco mil personas aguardaban a que hablaran: eran hombres, mujeres, y niños de todas las edades, así que Jesús y sus apóstoles les hablaron todo el día sobre el amor de Dios por sus Hijos.

Cuando comenzaba a anochecer, los apóstoles sugirieron, a Jesús, que dejara que la muchedumbre se retirara a buscarse la cena, pues no contaban con dinero suficiente para comprarles comida a todos ellos. Jesús les preguntó: "¿Cuánta comida tienen?"

Ellos respondieron que dos pescados asados, y cinco panes. Jesús tomó la comida, y les dijo a todos que se sentaran. Todos, muy parlanchines, se sentaron en grupos de cincuenta y cien. Jesús tomó el pan y los dos peces. Tras dirigir una oración sincera al cielo, Jesús suplicó a Dios que le permitiera alimentar a la multitud. Después, Jesús partió el pan y los pescados, y los puso en canastas que entregó a cada uno de sus discípulos.

Los apóstoles, confiando en su Maestro, fueron pasando las canastas por todos los grupos: cada que metían la mano para sacar pan y pescado, ¡más y más comida aparecía!

Las cinco mil personas, tras haber escuchado un gran sermón sobre la palabra de Dios, comieron con mucho apetito. Para cuando la cena terminó, ¡los apóstoles ya habían llenado canastas, y más canastas, con la comida sobrante!

Capítulo Trece: Jesús Camina Sobre el Agua

"Antes del amanecer, Jesús vino a ellos caminando sobre las aguas. Cuandos los discípulos lo vieron, gritaron: '¡Es un fantasma!'. Pero Jesús les habló: 'No teman, soy Yo.'." (Mateo 14:25-27)

Después de que Jesús alimentó a los cinco mil, los mandó a casa y les dijo que quería estar solo. Le dijo que rentaran un bote para navegar por el lago de Galilea mientra él rezaba. Jesús subió a una montaña, se quedó despierto toda la noche contándole a Dios todas las cosas que le iban pasando.

A las tres de la mañana, Dios le dijo a Jesús, que sus apóstoles estaban en problemas; necesitaban ser rescatados. Jesús corrió hasta la orilla del mar; el bote de sus apóstoles zozobraba por los fuertes vientos, y las olas que encabritaban el mar.

Los apóstoles gritaban aterrados. La última vez, Jesús había estado con ellos, ¡pero ahora estaban solos! Las olas golpeaban los costados del bote, y estaban a punto de volcarlo.

Jesús, dando unos pasos, comenzó a caminar sobre el agua; aunque sus sandalias se mojaron, no se hundió. Fue acercándose al bote: los hombres, al ver a la figura que se aproximaba a través de la espuma y el viento, pensaron en fantasmas. Y gritaron más fuerte. No solo eran amenazados por una tormenta que los mataría... ¡Ahora también un fantasma venía por ellos!

Pero Jesús los llamó: "¡Tranquilos, soy yo!" Sus apóstoles se quedaron con la boca abierta. Pedro, el más asustado de todos, pidió a Jesús que lo dejara caminar también en el agua, pues no podía esperar ni un segundo más para escapar del bote.

Pedro logró pararse en el agua, y comenzó a caminar hacia Jesús. Al mirar atrás, hacia el bote que se mecía por el oleaje, se asustó más y comenzó a hundirse. El agua ya cubría sus rodillas cuando gritó a Jesús: "¡Maestro, sálvame!"

Jesús tomó a Pedro por la mano, y lo sacó del agua; lo regañó, diciéndole: "No me creíste, por eso miraste atrás en vez de concentrarte en el poder de Dios."

Jesús y Pedro llegaron hasta el bote, y treparon a él. El viento se calmó, el océano se quedó liso. Los emocionados apóstoles dijeron al unísono: "Realmente eres el Hijo de Dios."

Jesús continuó enseñando por toda Galilea. Una vez, dijo que la palabra de Dios era como un granjero que arrojaba semillas en el campo. Algunas semillas caían entre las piedras, por lo que no retoñaban. Otras caían en terreno de malas hierbas: comenzaban a crecer, pero pronto la hiedra las asfixiaba. Otras caían en tierra buena, creciendo fuertes y saludables. Algunos aceptaban la palabra de Dios, pero no la ponían en práctica pues se negaban a abandonar los placeres del mundo. Otros no querían escucharla, y Dios no tocaría sus corazones. Y luego estaban aquellos que lo escuchaban, vivían de acuerdo a sus enseñanzas, y esparcían su bondad por el mundo.

También les enseñó sobre el futuro, con una parábola. Cuando Jesús enseñaba, lo hacía en parábolas: muchas verdades de Dios estaban ocultas en estas parábolas, que eran historias, fábulas con un mensaje al final. Jesús, por lo regular, hablaba con pescadores y granjeros, por lo que procuraba que todos entendieran sus palabras.

Jesús dijo que un granjero cosechaba todo en los campos. Cuando llegaba el momento, separaba los cultivos de las hierbas; la comida la guardaba, y las hierbas las quemaba. Con esto, Él quería decir que Dios, al Final de los Tiempos, separaría a los buenos de los malos. Los malos irían al infierno, y los buenos al Paraíso.

Capítulo Catorce: La Transfiguración

"Seis días después Jesús tomó a Pedro, Santiago y Juan, y los llevó con Él a lo alto de una montaña. Allí, se transfiguró: sus ropas se volvieron brillantes, y blancas como la nieve. ". (Marcos 9:2-3)

Un buen día, en el que Jesús y sus apóstoles se encontraban por la zona de Galilea, Él pidió a Pedro, Santiago y Juan que lo acompañaran a la montaña. Jesús no les dijo para qué, pero ellos lo obedecieron, y treparon detrás suyo.

Cuando estuvieron en la cima, Jesús comenzó a brillar con una luz celestial. Su túnica, que era de un color marrón habitual entre los habitantes de Galilea, se tornó de un blanco imposible, uno que los apóstoles jamás habrían creído que existiera.

Moisés y Elías aparecieron a los costados de Jesús, brillando con la misma luz cálida, y vistiendo también aquellas túnicas blancas. Una nube enorme se detuvo sobre ellos, pese a que el viento desplazaba a todas las demás. Jesús habló con Moisés y Elías sobre las cosas futuras que estaban por suceder.

Los apóstoles estaban preocupados y estupefactos. Pedro dijo: "Señor, déjanos hacer tres chozas. Una para ti, otra para Moisés, y otra para Elías." Ellos pensaban que estaban haciendo algo bueno, pero estaba allí solo para ser testigos. Entonces, desde la nube, una voz misteriosa habló: "Este mi hijo bienamado, escúchenlo."

Los tres apóstoles miraron de nuevo al suelo, y se dieron cuenta de que Jesús estaba solo de nuevo. El brillo celestial se había ido, al igual que Moisés y Elías.

Cuando bajaron de la montaña, Jesús les pidió a sus discípulos que guardaran el secreto de lo ocurrido en la montaña, y lo proclamaran solo hasta que él hubiera resucitado. Ellos no comprendieron la petición de Jesús, puesto que Él aún no les contaba sobre el martirio que padecería; pensaban que Jesús, de alguna manera, vencería a los romanos, conquistaría Israel, y gobernaría como Rey. Todavía creyeron hasta que Jesús les dedicó sus últimas palabras.

Moisés y Elías habían aparecido para comunicarle a Jesús que era necesario que muriera, pero que no tuviera miedo, pues resucitaría al tercer día. Para salvar a la humanidad, debería pasar por el sufrimiento que el Diablo le causaría.

Pero todo esto era el secreto de Jesús, y no podía decírselo en ese momento a sus apóstoles porque aún no era el tiempo indicado por Dios.

Capítulo Quince: Jesús y los Niños

"Y algunos llevaban a sus hijos, para que Él les impusiera las manos y los bendijera. Cuando los discípulos los reprendieron, Jesús dijo: 'Dejen que los niños se acerquen a Mí, porque es de ellos el Reino de los Cielos'." (Mateo 19:13-14)

Jesús amaba a los niños porque eran inocentes, y porque sabían aceptar sin reservas el amor de Dios; con frecuencia, los usaba como ejemplos para sus parábolas. Los niños solo buscan el amor, y que les enseñen cosas fantásticas. Debes conocer que, en la Biblia, la palabra "niño" es usada por nada más y nada menos que, ¡763 veces! Es un grande número, ¿verdad?

Jesús predicaba que los niños entrarían con facilidad en el Reino de los Cielos. El Reino de los Cielos, como estoy segura que sabes, no es un lugar físico que puedas visitar, sino que es un camino espiritual que recorren todas las personas que creen y aman a Dios. Con ayuda de tus padres, ¡tú también puedes recorrer este camino! Si escoges este buen camino, verás grandes milagros, y tendrás una relación personal con Dios.

Luego, Jesús y sus apóstoles iniciaron un viaje. Dejaron Galilea, y cruzaron el río Jordán.

Los fariseos vieron una oportunidad muy buena para tenderle una trampa a Jesús, así que se acercaron con él. Haciéndole muchas preguntas difíciles, intentaron que dijera algo malo contra Dios para así poderlo acusar de un crimen. Por supuesto, que Jesús era muy inteligente, y contestó a todas las preguntas, de tal modo, que los fariseos debieron rendirse.

Un grupo de padres cargaban a sus bebés: tenían la esperanza de que Jesús los bendijera, pero los discípulos se interponían entre ellos, pues no comprendían porqué Jesús perdía su tiempo con unos niños.

"Dejen que los niños vengan a Mí, porque el Reino de los Cielos les pertenece. Cualquiera que no reciba al Reino de Dios como un niño, no entrará en él." (Lucas 18:16-17)

Fue en ese momento, que un hombre llamado Jairo se acercó a pedirle ayuda a Jesús. Jairo era el jefe de la sinagoga en Galilea, y había visto los milagros; el hombre estaba muy angustiado porque su hija, de doce años, estaba muy enferma, a punto de morir, así que suplicó: "Por favor, Señor, ven a mi casa y sana a mi hija, para que pueda vivir."

En su camino a la casa de Jairo, una multitud acompañó a Jesús. Una mujer, que llevaba doce años muy enferma y sin poder entrar en la sinagoga, se acercó a Él. Ella creía que, tocando las ropas de Jesús, sanaría al instante. Jesús sintió que el poder de Dios lo recorría, se detuvo, y preguntó: "¿Quién me ha tocado?" La mujer, asustada, admitió lo que había hecho. Jesús supo entonces, de la gran fe que ella tenía, y le dijo con dulzura: "Tu fe te ha salvado."

Jesús continuó con su camino, y los hombres de la sinagoga salieron a su encuentro para decirle que la hija de Jairo acababa de morir, y que ya no era necesario que fuera a verla. Jesús les contestó: "No se preocupen, solo crean en Mí."

Jesús, ya en la casa de Jairo, fue hacia la habitación de la pequeña. Ella estaba en la cama, tenía una sonrisa tan bonita, que solo parecía que dormía. Jesús, inclinándose sobre su oído, le susurró: "Tabita, ¡despierta!" ¡Y ella lo hizo! Todos se quedaron pasmados. Jesús le pidió a Jairo que cocinara algo, porque seguro Tabita se encontraba muy hambrienta.

Jesús siempre supo que los niños eran como los vasos vacíos, listos para llenarse con lo que sus padres quisieran. Si eran criados con ira y miedo, así vivirían sus vidas. Pero, si se les criaba en el amor, la paz, y se les inculcaba que Dios estaría allí siempre para amarlos, ellos experimentarían una vida llena de felicidad. Hasta los antiguos profetas habían escrito: "Si crías a tus hijos en el amor de Dios, te lo devolverán con creces." Dios no puede prometerle a nadie que sus hijos jamás se perderán, pues eso depende de ellos, pero sí que las bases cristianas serán cimientos de roca para sus vidas.

Capítulo Dieciséis: El Buen Samaritano

"Pero un samaritano que estaba de viaje, vino a él; al verlo, se llenó de compasión, derramó aceite y vino sobre sus heridas y las vendó. Lo montó en su propio animal, y lo llevó a una posada, en donde cuidó de él." (Lucas 10:33-34)

Jesús continuó enseñando, en parábolas, a las personas que lo seguían. Una de sus parábolas más populares, era la de la Semilla de Mostaza. La mostaza es un arbusto que produce unas semillas pequeñas, tan pequeñitas, que es difícil verlas a simple vista. Jesús decía que era muy bueno tener fe, incluso aunque fuera del tamaño de una semilla de mostaza; para Dios no existían imposibles, y si se lo pedías, ¡serías capaz de mover hasta una montaña!

Un día, un hombre versado en la ley de Moisés se acercó a Jesús. Al haber sido enviado por los fariseos para inculparlo, él le preguntó directamente: "¿Qué debo hacer para ganarme la vida eterna?"

En lugar de contestarle, Jesús le devolvió la pregunta: "Tú estudias la ley de Moisés. ¿Qué piensas que debes hacer?"

El maestro de la ley le respondió: "Bueno, Moisés escribió que debemos amar a Dios con todo nuestro corazón, con toda el alma, y con todas las fuerzas; y que también debemos amar a nuestro prójimo como a nosotros mismos."

Estás en lo cierto, dijo Jesús. Pero el hombre no se rendía: "¿Quién es mi prójimo?"

Jesús, entonces, comenzó a relatarle una parábola. Un hombre, que viajaba de Jerusalén a Jericó, fue atacado por unos bandidos. Le robaron su dinero, sus ropas, y lo golpearon con palos, dejándolo malherido al borde del camino. Un sacerdote de la sinagoga pasó por allí, y vio al hombre herido: lo ignoró, en vez de detenerse a ayudarlo. Otro hombre, uno de los sacerdotes conocidos como levitas, pasó también de largo.

Entonces, llegó el turno de un samaritano. Los nativos de Samaria no les caían bien a los judíos, pues, cientos de años atrás, se habían establecido en Israel cuando los judíos estaban cautivos en Babilonia. Pero este samaritano era amable; fue junto al pobre hombre, lavó con aceite y agua sus heridas, y se las vendó. Después, lo ayudó a que subiera a su caballo, llevándolo a una posada. Allí, el samaritano rentó una habitación, y cuidó al hombre herido, alimentándolo con excelente comida.

Al día siguiente, el samaritano pagó al posadero por la estadía del hombre herido, y encargó que lo cuidara personalmente hasta su regreso.

Cuando Jesús terminó la historia, preguntó: "De los tres hombres del camino, ¿cuál crees tú que amó a su prójimo?"

El maestro de la ley miró a Jesús, y replicó: "Aquel que mostró verdadera compasión."

Jesús declaró: "Ahí tienes tu respuesta."

El mensaje de esta parábola, es que no importa quién seas: rico, pobre, inteligente o torpe; ni si eres la persona más importante del mundo. Dios conoce cuándo amas, y cuándo no lo haces.

¡Así que ama a todos!

Capítulo Diecisiete: María y Marta

"Mientras viajaba, pasó por un pueblo; una mujer llamada Marta le dió la bienvenida en su casa. Marta tenía una hermana, María, que se sentaba a los pies del Señor, atenta a Sus Palabras." (Lucas 10:38-39)

Después de dejar al abogado, Jesús llegó a una ciudad pequeña, Betania, y se topó con una mujer, Marta. Betania se encontraba emplazada en los montes al este de Jerusalén, como a unas dos millas. Marta no conocía a Jesús, pero lo invitó de todas maneras a cenar a su casa. Que no te extrañe, no era raro para los judíos el invitar a los viajeros a que descansaran en sus casas.

Marta tenía una hermana, María. María sí había escuchado hablar de Jesús, y se sentó a sus pies a escucharlo. Lo admiraba tanto, que lavó los pies de Jesús, y los masajeó con un aceite muy fino. ¡Hasta secó sus pies con su propio cabello! Todo esto era un acto de honor que se realizaba sólo con los huéspedes más distinguidos.

Marta estaba preparando la comida, y como no sabía quién era Jesús, se enojó con su hermana porque solo estaba sentada escuchándolo, mientras que ella se encargaba de todo el trabajo. Marta fue junto a Jesús, y le dijo; "¿Puedes decirle a mi hermana que se pare a ayudarme?"

Jesús miró a Marta, muy serio, y le dijo: "Marta, estás enojada con tu hermana, pero no te das cuenta de que ella está haciendo la tarea más importante."

Lázaro, el hermano de las dos mujeres, vino también a conocer a Jesús. Lázaro sería muy importante pues, junto con María y Marta, se volvió muy amigo de Jesús; juntos, en Betania, los cuatro pasarían muchos momentos agradables y divertidos que todos recordarían para siempre.

Poco después, Jesús fue a Jerusalén para la fiesta de Hanukkah, que también es llamada el Banquete de las Luces. Esta fiesta conmemoraba la recuperación del templo de Jerusalén, que los griegos habían capturado. Allí, en el templo, Jesús llamó a los fariseos, y les enseñó algunas cosas sobre la fiesta que se celebraba:

"Yo soy la Luz del Mundo. El que me siga, no caminará jamás en las tinieblas." Los fariseos respondieron, "Estás hablando en tu propio favor; tu testimonio no vale para nada." Jesús les dijo, "Aunque yo hable en mi favor, mi declaración es válida; porque yo sé de dónde he venido, y hacia dónde voy. Ustedes son los que no saben de dónde he venido, ni hacia dónde voy. Ustedes juzgan con criterios humanos; yo no juzgo a nadie. Y si yo tuviera que juzgar, mi juicio sería válido, porque no estoy solo; el Padre que me ha enviado está conmigo." (Juan 8:12-16)

Más tarde, Jesús dijo a sus propios discípulos: "Si siguen Mi Palabra, entonces son ustedes verdaderos discípulos Míos. Conocerán la verdad, y la verdad los hará libres."

Capítulo Dieciocho: La Oveja Perdida

"'Acaso no es cierto que un hombre que tiene cien ovejas, cuando se le pierde una, deja a las noventa y nueve, y sale a buscar a la que falta? ¿Y que cuando la encuentra y la pone sobre sus hombros, se regocija con ella?" (Lucas 15:3-5)

Después del banquete, Jesús y sus apóstoles viajaron al sur de Judea. En la Biblia se narran muchas de las aventuras que corrieron juntos. En estas idas y vueltas por Israel, Jesús contaba muchas parábolas. Como ya debes saber, las parábolas son pequeñas historias que quieren darte un mensaje importante. Una de las parábolas favoritas de Jesús, era la de la Oveja Perdida. Al igual que en la parábola de la Moneda Perdida, o la del Hijo Pródigo, el final de la Oveja Perdida era el mismo.

Jesús enseñaba en el campo, y los fariseos, al escucharlo, protestaban sobre que Jesús estaba robándoles su rol de maestros religiosos; además, según ellos, Jesús daba mal ejemplo a todos, pues siempre estaba bromeando y charlando con un montón de pecadores. Los fariseos creían que, si Jesús era de verdad el Hijo de Dios, ¡debería de estar pasando tiempo con la gente correcta! Pero, como ellos no tenían fe en Jesús, Él prefería pasar su tiempo con personas que quisieran aprender de verdad.

Jesús decía que Dios era como un pastor que tenía cien ovejas. En un mal día, el pastor perdió por los montes a una de ellas. Así que dejó a su rebaño con otros pastores, y se marchó a buscar a su oveja perdida. Buscó, y buscó, hasta que la oveja apareció. Entonces, feliz, el pastor la abrazó, llevándola con sus hermanas; allí estaría a salvo de los animales salvajes, y comería pasto delicioso. El pastor estaba feliz de que las noventa y nueve estuvieran a salvo, pero, se ponía más feliz aún, cuando la Oveja Perdida volvía al redil.

Luego, les contaba la historia sobre una moneda. Una mujer acaba de casarse, y se adornaba el cabello con diez monedas de plata especiales, que habían pasado de generación en generación. Cuando la mujer perdió una de esas monedas, se puso muy triste pues creyó que una maldición caería sobre ella y su familia.

Así que le pidió ayuda a una de sus amigas, y juntas barrieron y limpiaron por todos los rincones de la casa hasta encontrar a la moneda. Entonces todas sus amigas, al saber que la moneda había sido encontrada, y que no sería maldecida, se pusieron muy contentas. El mensaje de todas estas parábolas de Jesús, es sobre Dios. Nosotros, en ocasiones, estamos perdidos, y Dios se pone muy feliz cuando encontramos la manera de volver a Él.

Capítulo Diecinueve: El Hijo Pródigo

"Y él dijo: 'Hijo mío, tú siempre has estado conmigo, y lo que es mío, es tuyo también. Pero ahora debemos celebrar que tu hermano estaba muerto, y ha vuelto a la vida. Estaba perdido, y ha sido encontrado.'." (Lucas 15:31-32)

Jesús también les contó otra historia. Comenzaba así:

Un hombre tenía dos hijos. El menor le pidió su parte de la herencia. El hombre, entonces, dividió su dinero en dos partes, y le dio una a su hijo menor. El hijo ensilló su caballo y se marchó lejos, muy lejos, a otro país. Lejos de su familia y amigos, el chico pensó que por fin podría hacer todo lo que siempre había querido, y que nada ni nadie lo detendría. Gastó todo su dinero en fiestas, comida costosa, y joyas para sus novias.

Cuando se quedó sin nada, se vio obligado a tomar un trabajo como cuidador de cerdos. No tenía nada, y se alimentaba de las sobras que los cerdos desechaban. Ahora, para los judíos, los cerdos eran animales sucios, por lo que no tenían permitido comer carne de cerdo, o siquiera estar cerca de uno.

El hijo se enojó mucho consigo mismo, y se dijo: "en casa de mi padre, yo era rico y feliz. Y ahora estoy cuidando cerdos, y comiendo sus sobras." Entonces, el muchacho viajó de regreso a su país. Llorando, llegó a la casa de su padre, y le dijo: "Lo siento mucho, padre mío. Gasté todo el dinero, y ahora no merezco ser llamado hijo tuyo. Por favor, permíteme permanecer aquí como uno de tus sirvientes."

¡Pero el padre estaba muy feliz de ver de nuevo al hijo que creía perdido para siempre! Así que ordenó a los sirvientes que prepararan un gran festín. El hermano mayor, al escuchar todo el ruido, fue a ver qué pasaba; que se enojó muchísimo, es decir muy poco. Fue a ver al padre, y se quejó: "¡Yo siempre he estado aquí para ti, y he hecho todo lo que has querido! ¡Y ahora él va, gasta todo tu dinero, vuelve con la cola entre las patas, ¿y tú le haces una fiesta!? ¡No es justo!"

El padre abrazó a su hijo mayor. Le dijo que estaba muy feliz, y agradecido de que siempre hubiera estado allí. Pero, también estaba muy feliz porque su otro hijo, aquel que pensaba estaba perdido para siempre, se había salvado.

La Salvación es la clave para que entiendas mejor las parábolas de la Oveja Perdida, La Moneda Perdida, y el Hijo Pródigo. Dios se siente igual de feliz cuando nosotros volvemos a Él.

Los problemas comenzaban a surgir por todos lados. El rey Herodes, hijo del rey Herodes que quiso matar a Jesús cuando era un bebé, gobernaba en ese momento en Israel. Y el rey comenzó a preocuparse por todas las personas que seguían a Juan el Bautista. De hecho, Herodes admiraba mucho a Juan, y ponía en práctica sus enseñanzas, pues sabía que Juan era un profeta de Dios, que proclamaba con mucha fuerza y seguridad los mandatos del Señor.

En este punto, muchas personas en Galilea comenzaron a hablar mal de Jesús. Estaban muy impresionados por sus milagros, pero se preguntaban: "Este Jesús, ¿qué no es hijo de José el Carpintero? Conocemos a la familia, y no son nada especiales. Conocemos a sus hermanos y hermanas, y son justo como nosotros." Jesús, cuando escuchó estas palabras, solo respondió "Uno no es profeta en su tierra."

Esta es una muy buena lección, ¿sabes? Si tú cambias para volverte una persona de Dios, tus viejos amigos, incluso tu familia, podrían rechazarte. Porque ellos te conocieron antes de que aceptaras a Dios en tu corazón. Y lo mismo le pasó a Jesús: no podía hacer su ministerio en una tierra que lo vio crecer, porque no lo tomarían en serio.

Capítulo Veinte: Lázaro Vuelve a la Vida

"Dichas estas cosas, Jesús lloró: 'Lázaro, ¡levántate!' El hombre que había muerto, se levantó envuelto en las mortajas, su cara cubierta por una tela. Jesús ordenó: 'Desenvuélvanlo, y déjenlo ir'." (Juan 11:43-44)

María, que ungió los pies de Jesús con aceite, y Marta; las mismas hermanas de Betania que habían cenado con Jesús, se dieron cuenta de que su hermano Lázaro estaba muy enfermo, y agonizaba. Como eran amigos, pensaron que Jesús podría curarlo. Así que le enviaron un mensaje para pedirle que regresara a Betania lo más pronto posible.

Jesús tenía otros asuntos, así que pasaron dos días antes de que pudiera regresar a Betania. Sus apóstoles advirtieron que había personas en

Betania que querían apedrearlo, y que era peligroso. Pero a Jesús no le importó. Quería mucho a Lázaro, Marta y María, y eran importantes para él.

Jesús les dijo a sus apóstoles que Lázaro ya estaba durmiendo. Ellos respondieron que entonces debía dejarlo descansar. Jesús aclaró a qué se refería: Lázaro, le dijo Dios, ya había muerto por su enfermedad. Los apóstoles sintieron miedo de que alguien pudiera apedrear a Jesús, pero pronto tomaron una decisión: si lastimaban a Jesús, entonces ellos serían lastimados junto con él.

María estaba muy triste, y se quedó llorando dentro de la casa, pero Marta corrió al encuentro de Jesús, y le dijo que Lázaro había muerto. Si hubiera llegado antes, habría podido salvarlo.

Lázaro llevaba cuatro días muerto, y había sido enterrado en una cueva, envuelto en sudarios. En esos días, a los muertos no se les enterraba en la tierra, sino que se los colocaba en cuevas familiares especiales. Los cuerpos se ponían en estantes, y una grande y pesada piedra se rodaba hasta la entrada de la cueva.

Jesús le aseguró a Marta, que Lázaro viviría de nuevo. Marta respondió: "Jesús, yo creo en ti, y en la resurrección de los muertos en el cielo." Jesús la corrigió, pues no se refería a la Vida Eterna, sino a que Lázaro reviviría, y dijo:

"Yo soy la Resurrección y la Vida. Todo aquel que crea en Mí, jamás morirá. ¿Me crees, Marta?" (Juan 11:25-26)

Marta le aseguró que creía en Jesús, y en que Dios le concedería todas sus peticiones; corrió para traer a su hermana María. Los amigos que habían asistido al funeral, acompañaron también a María y Marta hasta donde se encontraba la tumba de Lázaro.

María lloró al abrazar a Jesús, y le preguntó por qué había tardado tanto en llegar. María estaba enojada con Jesús, pues, al igual que Marta, pensaba que Jesús podría haberlo salvado de haber venido antes. Jesús también lloró mucho, allí en los brazos de María. Los hombres rodaron la piedra que tapaba la entrada a la tumba. Ya olía mal, pues Lázaro llevaba cuatro días muerto. Jesús ignoró el mal olor, y oró a Su Padre:

"Te doy gracias, Padre, porque me has escuchado. Yo sabía que siempre me escuchas; pero lo digo por esta gente, para que crea que Tú me has enviado." (Juan 11:41-42)

Jesús gritó: "¡Lázaro, levántate!" Unos segundos después, Lázaro apareció por la entrada de la Cueva, con los sudarios aún rodeándole el cuerpo, y con una tela tapando su cara. Los apóstoles ayudaron a desenvolver a Lázaro, pues parecía una momia y podía asustar a alguien.

Muchas personas se acercaron a la casa de Marta y María, para escuchar la fantástica historia de cómo Jesús resucitó a su hermano Lázaro de entre los muertos. Por desgracia, cuando la historia llegó a oídos de los sacerdotes del templo, ellos comenzaron a planear la muerte de

Jesús. Estaban asustados; y como ellos no tenían esos poderes, también sentían envidia de que Jesús pudiera resucitar a los muertos.

Capítulo Veintiuno: Bartimeo Recupera la Vista

"Jesús le preguntó: '¿Qué puedo hacer por ti?' Y el ciego respondió: 'Rabí, ¡quiero verte!' Jesús dijo: 'Tu fe, te ha salvado'. De inmediato, el ciego recuperó la vista, y comenzó a seguir a Jesús por el camino." (Marcos 10:51-52)

Jesús y sus apóstoles cruzaron de nuevo el río Jordán, enseñando en las aldeas a la orilla del río. Jesús advirtió a sus discípulos, que el día de su captura estaba cerca; lo torturarían y matarían. Al verlos tristes, les aseguró que no se preocuparan, pues resucitaría al tercer día.

Los discípulos juraron que lo protegerían, incluso si eso significaba que tendrían una muerte segura. Jesús les aseguró que su muerte ya estaba escrita en las antiguas profecías de los profetas; su martirio había sido confirmado por Moisés y

Elías en la Transfiguración. Como seguían tristes, Jesús les dijo que todo sería para borrar los pecados del mundo.

Después, se marcharon de Jericó hacia Jerusalén. En el camino, se encontraron con un hombre ciego, que mendigaba por unos centavos para poder comer. Se llamaba Bartimeo, y estaba al corriente de los milagros que Jesús había obrado con otros. Bartimeo, al sentirlo cerca, suplicó: "¡Jesús, hijo de David, ten compasión de mí!

Jesús se detuvo, y pidió que ayudaran al ciego a levantarse; cuando estuvo frente a él, Jesús preguntó: "¿Qué puedo hacer por ti?"

El ciego respondió, "Señor, haz que pueda ver."

Ya que Bartimeo creyó en que Jesús era el Hijo de Dios, y para Dios no había imposibles, Jesús declaró: "Vete, porque tu fe te ha salvado." Y el hombre, llorando de felicidad, pudo ver el rostro de Jesús.

Capítulo Veintidós: La Conversión de Zaqueo

"Y habló Jesús: 'La salvación ha entrado en esta casa, porque él, también, es un hijo de Abraham. El Hijo del Hombre ha venido a salvar a los que estaban perdidos'." (Lucas 19:9-10)

Después de que Jesús curó a Bartimeo, se marchó a Jericó. Muchas personas lo esperaban a la orilla del camino. Uno de ellos, era un rico recaudador de impuestos para los romanos. El recaudador, llamado Zaqueo, no era judío, y las personas lo odiaban mucho. Pero Zaqueo había escuchado sobre Jesús, y quería verlo por él mismo.

Desafortunadamente, como Zaqueo era muy bajito, y los demás eran más altos que él, no pudo ver nada. ¡Así que tuvo una brillante idea! Escaló hasta la copa de un sicomoro, un árbol alto, y desde allí pudo ver a Jesús que se acercaba con sus apóstoles.

Cuando Jesús llegó a la altura del sicomoro, se detuvo, miró hacia arriba y gritó: "¡Zaqueo, bájate de ese árbol y ven conmigo, porque hoy me hospedaré en tu casa!"

Todos se enojaron porque Zaqueo, al ser el recaudador de impuestos, no les hacía mucha gracia. Y se preguntaron del por qué Jesús tomaba una decisión tan extraña.

Jesús y sus discípulos siguieron a Zaqueo hasta su casa. Jesús preguntó a Zaqueo sobre su profesión. Él respondió que era un recaudador de impuestos para los romanos, pero uno que era honesto y no quería robarle o cobrarle de más, a nadie. Y que, si por accidente, llegaba a equivocarse con las cuentas, él mismo pagaba de su bolsillo a la persona perjudicada.

Jesús decidió que, aunque Zaqueo no fuera judío, sería bendecido porque creía en Jesús, y eso lo hacía un digno hijo de Abraham. Su fe honesta lo salvaría a él y a su familia de las llamas del infierno. Se decía que las profecías se cumplirían pronto, y, aunque los judíos eran el pueblo elegido de Dios, él amaba por igual a los gentiles, siempre que creyeran en Él.

Después de abandonar la casa de Zaqueo, Jesús se dirigió al norte, a Betania, donde se encontraba la casa de María y Martha. Su amigo Lázaro se encontraba también allí. Una vez más, María ungió los pies de Jesús con aceite, y los secó con su largo cabello.

Esta vez, sin embargo, Judas Iscariote estaba allí. Al ver lo que María estaba haciendo con el aceite, protestó: "¡Ese aceite es muy caro! ¿No sería mejor si lo vendiéramos, y donáramos el dinero a los pobres?" Jesús le respondió a Judas "Déjala en paz. Me está preparando para la tumba. Ustedes podrán ayudar siempre a los pobres, pero a mí no me queda mucho tiempo."

Capítulo Veintitrés: Jesús Entra en Jerusalén

"Las multitudes caminaban delante de él; aquellos que lo seguían, gritaban:

'Hosanna al Hijo de David; Bendito el que viene en el nombre del Señor. ¡Hosanna en las Alturas!'.

Al entrar a Jerusalén, toda la ciudad se agitaba, diciendo: '¿Quién es este?' y las multitudes respondían: 'Es el profeta, Jesús de Nazareth en Galilea.'." (Mateo 21:9-11)

Después de pasar la noche con Marta y sus hermanos, Jesús y sus apóstoles se dirigieron al oeste, hacia Jerusalén. En la pequeña aldea de Betfagé, Jesús pidió que le consiguieran una burra, uno que tuviera un borrico. Las profecías antiguas decían que el Rey entraría en Jerusalén montado en un burro.

Cuando los apóstoles encontraron al burro adecuado, pusieron unas mantas como silla, y Jesús montó. La muchedumbre que caminaba frente a él, llevaba hojas de palma en las manos, y dejaba caer sus mantos para que Jesús pasara. Y así se cumplió la profecía de Zacarías, hecha cientos de años atrás: "Regocíjate, Hija de Sión; El Rey ha llegado; es justo, es la salvación, es humilde, montado sobre una burra y su borrico." Los cantos alegres sobre el rey de Israel, acompañaron a Jesús hasta Jerusalén. Este día, que aún celebramos hoy en día, es conocido como el Domingo de Ramos.

Ante las puertas de la ciudad, él proclamó el futuro que aguardaba a Jerusalén: La ciudad sería destruida por los romanos, y del templo no quedaría piedra sobre piedra, puesto que habían rechazado al Hijo de Dios

A la siguiente, Jesús y sus seguidores entraron a Jerusalén. Jesús estaba hambriento; cuando vio una higuera en el patio de alguien, se acercó, pero no encontró higos. Los higos eran considerados, en aquel tiempo, frutas para todos, así que estaba bien si un extraño se acercaba a tomar uno. Jesús miró al árbol, y le dijo: "Ningún fruto saldrá de este árbol." Jesús se refería, en realidad, a los judíos que vivían de Jerusalén; ellos no creían que el Mesías había llegado a Israel, y, tampoco, que Jerusalén sería destruida.

Y así fue: 70 años después de Jesús, los romanos arrasaron con Jerusalén, y del templo no quedó "piedra sobre piedra". Los judíos se vieron obligados a marcharse, e Israel no sería de nuevo un país sino hasta el año de 1948.

Capítulo Veinticuatro:
Problemas en el Templo

"Y Jesús entró en el templo, y vio a los que allí compraban y vendían palomas, y volcó las mesas de los cambistas, y las sillas de los vendedores". (Mateo 21:12)

Jesús se acercó al templo que el rey Herodes había construido, y fue directo a la Puerta. En el patio, numerosos puestos habían sido instalados; se cambiaban monedas judías por persas, pues las primeras ya no valían casi nada. El dinero persa, debido a la crisis, estaba siendo aceptado como donación. Todo este intercambio hacía que las personas visitantes perdieran dinero cada vez que se acercaban al templo, mientras que los cambistas y sacerdotes se volvían cada vez más ricos.

Se vendían también animales para los sacrificios. Eran ovejas y palomas enfermas, que no valían el precio que los vendedores pedían por ellas; como iban ser sacrificadas, los vendedores pensaban que estaba bien venderlas, aunque estuvieran tan enfermas. Por el ruido que todas estas personas montaban, nadie podía escuchar los servicios que se llevaban a cabo dentro del templo.

Dios le dijo a Jesús, que los mercantes solo pensaban en sus beneficios monetarios. A ninguno de ellos le importaba mucho honrarlo con sus ventas. Jesús se enfureció, por primera vez en su vida, y, de un golpe, volcó las mesas de los cambistas y los maldijo, tildándolos de inmerecedores de pisar el templo de Dios.

Gritó: "¡Mi casa debería de ser un ejemplo para todas las naciones, pero ustedes la han convertido en una cueva de ladrones!"

Los niños aún cantaban: "¡Hosanna al Rey de los Judíos!" Los sacerdotes se enojaron con Jesús, pues, ¿por qué se creía el dueño del lugar?, y con los niños, por lo que cantaban sobre él. Fueron con Jesús, y le dijeron: "¿Oyes cómo es que están llamándote?". Jesús los miró, muy serio, y respondió: "De la boca de los niños, sale la verdad perfecta."

Jesús y sus apóstoles dejaron Jerusalén, rumbo a Betania. Cuando pasaron junto a la higuera, vieron que ésta se había secado.

Los sacerdotes buscaban un motivo para acusar a Jesús de blasfemia, un crimen que se castigaban con la muerte. Intentaron enredarlo con palabras, pero él solo les contó parábolas: una sobre un viñedo, otra de un banquete de bodas, para hacerles saber cómo es que Dios y Él mismo, pensaban acerca de su comportamiento como sacerdotes. En lugar de trabajar para Dios, estaban portándose como egoístas y retorcidos falsos profetas.

Jesús y sus apóstoles se reunieron en el Monte de los Olivos. A lo largo de su ministerio, todos esperaban que Jesús fuera ese rey conquistador que echaría a los romanos de Israel. Ellos preguntaron sobre el Final de los Tiempos, pues era muy evidente para los apóstoles, que ese tiempo no llegaría pronto.

Dijeron: "Dinos, ¿cómo sabremos cuándo será el día y la hora de la Segunda Venida de tu Reino?"

Jesús replicó: "Nadie, excepto Mi Padre, conoce el día y la hora. Habrá rumores de guerras, y todos creerán que no deben obediencia a Mi Padre, o a Su Palabra. Pero ustedes sépanlo, que el Día estará cerca."

Les contó acerca del día del Rapto: habrían dos hombres trabajando en el campo, y uno de ellos sería llevado, y el otro dejado. Si estaban dos mujeres moliendo grano, una sería tomada, y la otra dejada. Dios se llevaría a todos sus Hijos, antes de que el Diablo se hiciera con el control absoluto del mundo.

Y les contó algunas parábolas, para ayudarlos a entender: una sobre diez muchachas, que, cargando lámparas de aceite, se fueron a visitar a sus futuros esposos. Cinco de ellas eran previsoras, pues llenaron su lámpara antes de irse, y las otras cinco lo olvidaron. Al llegar a la casa, las cinco distraídas se quedaron fuera, pues no estaban bien preparadas, y sus lámparas se habían apagado ya. Dios quiere que estemos siempre listos.

La segunda parábola, trataba sobre un hombre rico que dio monedas a tres de sus servidores, de acuerdo a cuánto confiaba en él. Al primero le prestó cinco monedas, al segundo dos, y, al tercero, una sola moneda. Y se marchó de viaje.

Cuando regresó, el hombre rico se dio cuenta que el sirviente de las cinco monedas, había multiplicado por dos el dinero. Así que lo felicitó. El segundo sirviente, con sus dos monedas, ¡ahora tenía cuatro! Al enfrentarse con el tercer sirviente, él dijo que, por miedo a perderlo, mejor había enterrado la moneda en la tierra. El hombre rico, molesto, le quitó la moneda, y se la dio al sirviente que ahora tenía diez. Con esta parábola, Jesús quiso decir que Dios daba oportunidades al hombre para que prosperara, pero, si los humanos eran desobedientes, perezosos, y no creían en Él, terminarían perdiéndolo todo.

Capítulo Veinticinco: La Última Cena

"Mientras cenaban, Jesús tomó un pan, lo bendijo, y lo pasó entre sus discípulos, diciendo: 'Tomen, este es Mi cuerpo'. Y tomó un cáliz, lo bendijo, y se lo pasó entre sus discípulos, diciendo: 'Esta es mi sangre, sangre de la Alianza, que será derramada por todos ustedes para el perdón de los pecados'." (Mateo 26:26-28)

Jesús se encontró con sus apóstoles, para tener una última cena con ellos en casa de Marta. Era el Sabath, antes de la Fiesta de Pascua. Y así iniciaría la última semana de Jesús sobre la tierra; los doce, todos, estaban con Él.

Una típica comida en el Israel de ese tiempo, consistía en un estofado de la carne que pudieran permitirse, y una mezcla de vegetales asados al fuego. Todos se sentaban al suelo, alrededor de una mesa baja que apenas si levantaba seis pulgadas del suelo. Su pan no era como el pan moderno que todos conocemos, sino que era un pan plano, parecido al pan de pita. Como las cucharas aún no habían sido inventadas, este estofado se vertía en cuencos, y lo comías ayudándote con el pan de pita.

Jesús les enseñó que, cada que comieran, lo recordaran; estaba a punto de morir para limpiar los pecados de todo el mundo. Partió su pan en pedazos pequeños, y se los pasó a sus amigos. Dio las gracias a Dios, y les dijo que lo comieran, pues era su cuerpo.

Luego, tomó su vaso de vino; debió de haber sido de cristal o de barro, como era común en aquella época. Rezó a Dios, y le dijo a sus apóstoles que bebieran de él, pues era su sangre, que lavaría los pecados del mundo.

A través del Antiguo Testamento, los judíos sacrificaban animales como un pago por el pecado. Dios le había pedido al mismísimo

Abraham, que le sacrificara a su hijo Isaac en una montaña. Abraham había pensado que de verdad tendría que matar a Isaac, pero, Dios, viendo su fe, lo proveyó de un carnero para el sacrificio. Durante la Pascua en Egipto, Dios pidió a los israelitas que sacrificaran corderos jóvenes, y pintaran los dinteles de sus puertas con la sangre, para que el Ángel de la Muerte no los visitara. En el Templo, se sacrificaban palomas, o corderos.

Los apóstoles no entendieron lo que Jesús quería decirles, porque aún no sabían exactamente qué era lo que sucedería. Pero lo recordaron después, y es por eso que la Sagrada Comunión aún se practica en la Iglesia; Jesús quería que recordáramos su sacrificio en nuestras comidas, y que siempre estuviéramos muy agradecidos a Dios por perdonarnos los pecados.

En la comida, Jesús y Judas Iscariote alcanzaron el jarro del vino al mismo tiempo. Sus manos se tocaron, y Jesús proclamó que Judas lo traicionaría. Judas ya había ido con los sacerdotes del templo, y lo había vendido por treinta monedas de plata. Jesús no lo sabía, pero Dios se lo dijo.

Después de que comieron, Jesús llenó un cuenco con agua, y se dispuso a lavarles los pies a sus apóstoles, en un gesto de servicio para con ellos. Pedro protestó, pues no era possible que el Maestro fuera el que les lavara los pies a los sirvientes. Jesús le dijo que era una lección, pues todos los hombres debían ser sirvientes de su prójimo, para enseñar así con práctica sobre la bondad de Dios.

Luego, Jesús y sus amigos se sentaron en un círculo, y Jesús se dispuso a enseñarles cosas nuevas: Dios preparaba un lugar especial para ellos en el Cielo, y algún día vivirían allí, para siempre, en hermosas mansiones porque habían visto al Señor y su Obra. El Espíritu Santo bajaría sobre ellos un día cercano, y podrían hacer todos los milagros de Jesús, y aún más; cuando Jesús se fuera, el Espíritu Santo los confortaría, y susurraría para ellos los designios de Dios.

Al final de la enseñanza, rezó con ellos una hermosa oración. Agradeció a Dios por el tiempo que le habría permitido estar con sus amigos; rezó por que ellos esparcieran Su Palabra con éxito por todo el mundo, que vivieran de acuerdo a los deseos de Dios, y que fueran siempre benditos. Jesús habló con estas palabras a sus apóstoles, y nos han llegado hasta el día de hoy:

"No se turben; crean en Dios y crean también en Mí. En la casa de mi Padre hay muchas habitaciones. De no ser así, no les habría dicho que voy a prepararles un lugar... Yo estoy con el Padre, y el Padre está en Mí. Créanme en esto; o si no, créanlo por las mismas obras. En verdad les digo: El que crea en Mí, hará las mismas obras que yo hago y, como ahora voy al Padre, las hará aún mayores. Todo lo que pidan en mi Nombre, lo haré, de manera que el Padre sea glorificado en su Hijo. Y también haré lo que me pidan invocando a mi Nombre... Les dejo la paz, les doy mi paz. La paz que yo les doy no es como la que da el mundo. Que no haya en ustedes angustia ni miedo. Saben que les dije: Me voy pero volveré a ustedes. Si me amaran, se alegrarían de que me vaya al Padre, pues el Padre es más grande que yo... Yo soy la vid verdadera, y mi Padre es el Labrador. Toda rama que no da fruto en mí, la corta. Y todo sarmiento que da fruto lo limpia para que dé más fruto. Ustedes ya están limpios gracias a la palabra que les he anunciado, pero permanezcan en mí como yo permanezco en ustedes. Un sarmiento no puede producir fruto por sí mismo si no permanece unido a la vid; tampoco ustedes pueden producir fruto si no permanecen en mí. Yo soy la vid, y ustedes los sarmientos. El que permanece en mí y yo en él, ése da mucho fruto, pero sin mí no pueden hacer nada. Al que no permanezca en mí, se tirará y secará... Como el Padre me amó, así también yo los he amado a ustedes: permanezcan en mi amor. Si cumplen mis mandamientos, permanecerán en mi amor, como yo he cumplido los mandamientos de mi padre y permanezco en su amor. Les he dicho todas estas cosas para que mi alegría esté en ustedes, y su alegría sea completa. Este es mi mandamiento: que se amen los unos a los otros como yo los he amado. No hay amor más grande que dar la vida por sus amigos. (Juan 14:1,2; 11-14; 27-28, Juan 15:1-5; 9-13, 17)

Más tarde esa noche, Jesús y sus apóstoles dejaron la casa de Marta en Betania, atravesando el Monte de los Olivos, para quedarse en un bello jardín llamado Getsemaní. Jesús les dijo que lo esperaran, pero pidió a Pedro, Santiago y Juan, que lo siguieran; el Maestro estaba triste y callado durante la caminata, y les pidió lo dejaran ir solo más allá a orar.

Jesús cayó de rodillas, y juntó sus dos manos:

"Padre Mío, si es posible, no me hagas beber de esta copa; pero que no se haga mi Voluntad, sino la Tuya."

Jesús sabía que la hora de su terrible tortura y muerte estaba cerca, tal como lo habían escrito los profetas. Aunque no quería morir, Jesús confiaba en que Dios le daría el coraje y la fuerza necesarias para cumplir con su destino de librar al mundo del pecado. Aceptaba que, si no había otra forma de cumplirlo, se cumpliera la voluntad de su Padre.

Los apóstoles se habían quedado dormidos, así que Jesús los despertó a todos para que volvieran a Betania.

Capítulo Veintiséis: La Pasión de Cristo

"Formaron una corona con espinas, y la pusieron en su cabeza. Después, le dieron un carrizo para su mano derecha; se inclinaban delante de Él, diciendo: 'iSalve, Rey de los Judíos!' Le escupían, y le arrebataron el carrizo, para golpearlo con él." (Mateo 27:29-30)

Judas el traidor, después de la cena, había ido a reunirse con los sacerdotes en el templo, y les dijo que identificaría a Jesús, cuando vinieran a arrestarlo, con un beso en la mejilla.

A media noche, Jesús despertó pues Judas venía por el camino, acompañado de los sacerdotes, y de soldados armados con espadas y palos con clavos. Judas se acercó a Jesús, y lo besó en la mejilla. De inmediato, los soldados arrestaron a Jesús. Pedro sacó su espada y le cortó la oreja a uno de los soldados. Pero Jesús curó al soldado, y les dijo a sus apóstoles que había llegado la hora; si Dios quisiera salvarlo, ya habría mandado a una horda de ángeles.

Los soldados tomaron a Jesús, y lo llevaron frente a uno de los más respetados sacerdotes, llamado Anás, que ordenó que llevaran al prisionero a su nuero, el sumo sacerdote Caifás. Caifás preguntó a Jesús sobre el tipo de cosas que enseñaba, y Él respondió que enseñaba sobre las cosas de Dios y el Cielo; puesto que todos lo habían escuchado y nunca iba en secreto, se preguntaba por qué Caifás le hacía una pregunta tan obvia.

Uno de los soldados abofeteó a Jesús por contestarle al sumo sacerdote, y después le vendó los ojos. Todos se burlaron de Él. Caifás ordenó que se lo llevaran al consejo de los fariseos.

El Sanedrín, conocido también como la Sala de Cantera, se encontraba en la esquina suroeste del Templo. Allí, los hombres más versados sobre la ley de Moisés, se reunían a tomar las decisiones sobre el destino de los blasfemos. Pasaba de la medianoche, y todos los miembros del Sanedrín fueron mandados a llamar desde sus casas.

Ellos interrogaron a Jesús, tratando de encontrar una excusa para mandarlo ejecutar. Los testigos dijeron que todo lo que Jesús hacía, honraba a dios. Por fin, dos hombres declararon que Jesús había amenazado con destruir al templo, que había dicho que era el Mesías, el hijo de dios, y que resucitaría a los tres días. El Sanedrín declaró culpable de blasfemia a Jesús, y lo sentenciaron a morir. Pero como Caifás no quería ser el responsable directo, lo envió con el gobernador romano de Judea.

El palacio de Justicia en Jerusalén, era en donde vivía el gobernador romano. Ya amanecía. Como los judíos ya no podían tener contacto con los gentiles pues era la Pascua, mandaron llamar al gobernador, Poncio Pilato. Le dijeron a Pilato que Jesús era un criminal, pero como el Sanedrín no podía ejecutar a nadie, necesitaban que Pilato lo hiciera.

Pilato se llevó a Jesús para interrogarlo: "¿Eres tú el Rey de los Judíos?" Jesús replicó que era un rey, pero no de este tiempo ni de esta tierra. Pilato decidió que Jesús no era culpable, y así se lo comunicó al Sanedrín. Los judíos estaban muy enojados, pero Pilato, al escuchar que Jesús solía enseñar en la zona de Galilea, fue a informarse con el rey Herodes.

Herodes estaba feliz de ver a Jesús, pues había escuchado cosas maravillosas sobre él, y esperaba que hiciera algunos milagros. Pero Jesús se negó, y Pilatos, muy enojado, regresó a Jesús.

Era una tradición judía, el soltar a uno o dos prisioneros antes de la Pascua; votaban por cuál sería liberado. Pilato quiso liberar a Jesús, pues era un hombre inocente, pero las reglas judiciales no se lo permitían. Así que tomó a un asesino muy malo, llamado Barrabás, y preguntó a la multitud a cuál de los dos prisioneros debía perdonar. Pilatos se imaginaba que Barrabás, siendo tan malo, no le caía bien a nadie, así que no pedirían por su perdón. Sin embargo, los sacerdotes habían pagado con oro a muchas personas, que comenzaron a gritarle que soltara a Barrabás. Poncio Pilatos se lavó las manos, declarando que la muerte de Jesús recaería únicamente sobre los judíos.

Los soldados se llevaron a Jesús. Lo despojaron de sus ropas, y le pusieron en su lugar una túnica roja del gobernador. Uno de los soldados formó con espinas una corona; al ponerla de cierta forma en la cabeza de Jesús, las espinas lo lastimaron. Jesús nunca se quejó.

Luego, le dieron un palo grueso; los soldados se inclinaban ante Él, burlándose a gritos: "¡Salve, Rey de los Judíos!" Lo escupían también a la cara, y le daban puñetazos en la nariz. Luego tomaron un látigo, que tenía en las puntas unos filos muy peligrosos de metal. Jesús quedó muy maltrecho luego de los latigazos; estaba tan lastimado, que apenas si seguía pareciendo un ser humano.

Pilatos volvió a sacarlo al patio de afuera, frente a los sacerdotes, con la esperanza de que se apiadaran de él. Pero ellos dijeron: "¡Crucifícalo!" Pilatos le dijo a la multitud: "Aquí está su rey." Todos respondieron: "¡El César es nuestro único rey, a ese crucifícalo!" Pilato, negando con la cabeza, hizo una seña y los soldados se acercaron a llevarse a Jesús, pues lo prepararían para la crucifixión.

Jesús soportó orgulloso su martirio; el más grande que ningún hombre ha soportado jamás. Pasó por todo ese sufrimiento para desterrar a la maldad del mundo que nos apresaba. Es por eso que ahora podemos nosotros estar con Dios, sabiendo que Él siempre nos acompaña.

Capítulo Veintisiete: La Crucifixión y Muerte de Jesús

"Llegaron al Gólgota, que en hebreo significa 'La Calavera'. Le dieron a beber una esponja empapada en vinagre y vino. Cuando lo probó, Él no quiso beber más. Y lo crucificaron, repartiéndose sus ropas. Jesús exhaló su último grito, y entregó su Espíritu." (Mateo 27:33-35, 50)

Después de la tortura a manos de los soldados romanos, le pusieron su túnica y se lo llevaron para crucificarlo. Ya no se usa ahora, pero antes, la crucifixión era el modo en el que los romanos mataban a los esclavos que había cometido graves crímenes. Lo usaban como una advertencia para que los otros esclavos fueran más obedientes a sus amos. Un árbol grande, con un cartel que indicaba los crímenes del acusado, era clavado al piso. Después, al prisionero se le martilleaban, los brazos extendidos, sus manos a una tabla. Los prisioneros eran forzados a caminar hasta el lugar de la crucifixión con la tabla ya adherida a sus manos. Al colgarlos del árbol, se formaba una cruz. El ajusticiado, a menudo, moría de hambre, o por estrangulamiento. Era un acto muy cruel...

Como Jesús no podía con su propia tabla, los soldados ordenaron a un hombre, Simón, un cirineo visitante por las Pascuas, que lo ayudara hasta que llegaran al lugar de destino. Junto con otros dos criminales, todos avanzaron.

Los soldados condujeron la marcha hasta un monte situado al lado este del Jordán, desde donde se veía el Templo. Ese lugar era llamado "La Calavera", o Gólgota. En la actualidad, todavía existe allí una formación rocosa con una forma parecida, de ahí el nombre. Los soldados le dieron a beber a Jesús, una mezcla nauseabunda de vino, con algo que lo ayudaría a que ya no doliera tanto. Jesús lo probó, pero lo escupió, y se negó a beber más. Quería pasar por la experiencia completa, sin sedantes, tal como estaba escrito.

Despojaron a Jesús de su túnica, dejándolo solo con la ropa interior, y lo clavaron al árbol. Una multitud se había arracimado para verlo todo. Entre ellos estaba María, la madre de Jesús. Los otros prisioneros también fueron crucificados.

Dado que la Pascua estaba a punto de comenzar, cientos de miles de personas visitaban el templo. Desde el templo se veía el lugar de la crucifixión en el Gólgota. Jesús estaba silencioso y en paz, mientras todos a su alrededor, incluyendo su madre y familiares, lloraban desconsolados.

Los sacerdotes tomaron una tabla, y escribieron en ella: "Jesús de Nazareth, Rey de los Judíos." Los soldados reían, diciéndole: "¡Si eres el Hijo de Dios, pídele que te baje de la cruz!"

El hombre crucificado a la derecha de Jesús, le preguntó: ¿Me salvarías a mí?" Jesús respondió, esbozando apenas una sonrisa: "Te prometo que hoy te veré en el Paraíso." Aunque el otro crucificado a su izquierda se burló de él, Jesús estaba prometiendo que la tierra se convertiría de nuevo en el Paraíso, cuando llegara la hora de su Segunda Venida; los hombres resucitarían, y tendrían vida eterna.

Los cielos, de pronto, se volvieron grises, a partir de las 3 de la tarde, hasta las seis. Como se ponía oscuro, los sacerdotes dijeron a los soldados que Jesús no podía quedarse allí durante la Pascua. Uno de los soldados tomó una lanza de cabeza de metal, y con ella atravesó, justo debajo de las costillas, a Jesús; Él sangró mucho.

Jesús gritó: "Dios, mi Dios, te entrego mi Espíritu." Y murió en la cruz.

Justo en ese momento, Jerusalén se sacudió con un terremoto espantoso, y todos cayeron al suelo. Dentro, en el templo, la cortina que velaba la entrada la Cámara Sagrada se rasgó de arriba a abajo por la mitad. Muchos de los testigos, arrepentidos, dijeron: "Verdaderamente éste era el Hijo de Dios."

Jesús murió al principio de la Pascua, en el peor suplicio que jamás un hombre haya pasado antes. Fue el Perfecto Adán, el Cordero Elegido por Dios para borrar por siempre los pecados del mundo. Podemos volver a Jesús cuando pequemos, para pedirle que nos perdone, y así podamos estar con Él en la Vida Eterna en el Paraíso.

Capítulo Veintiocho: Jesús Resucita

"El ángel dijo a las mujeres: 'No teman. Si buscan a Jesús el crucificado, no está aquí, pues ha Resucitado. Vengan a ver el lugar donde lo pusieron. Vayan y díganles a sus discípulos que viajen a Galilea, porque allí lo verán.'." (Mateo 28:5-7)

Un hombre rico llamado José de Arimatea, tenía una cueva funeraria cerca, y uno de los discípulos de Jesús fue a decirle a María, su madre, y ella preguntó a la familia si Jesús podía ser enterrado allí. La caverna estaba recién excavada, y no habían sepultado a nadie todavía. José estuvo de acuerdo; envolvieron con telas a Jesús, y lo depositaron en un carro. María Magdalena y las demás fueron a Jerusalén a comprar las especias para preparar el cuerpo; pronto volvieron, y los hombres depositaron a Jesús en uno de los nichos. Una piedra gigantesca fue rodada hasta la entrada, bloqueándola.

Al día siguiente, los sacerdotes judíos fueron con Poncio Pilatos para pedirle que los soldados custodiaran la tumba, pues temían que alguien se robara el cuerpo. Si los discípulos aprovechaban la situación, podrían fingir y decirles a todos que el nazareno había resucitado, con lo que los alborotos en Jerusalén continuarían.

La mañana del domingo, María Magdalena y María, la madre de Jesús, fueron a visitar la tumba. Cuando ya estaban cerca, otro terremoto sacudió la tierra. Un ángel apareció frente a ellas, y la piedra en la tumba rodó sola hasta desbloquear la entrada. Los soldados se desmayaron ante la visión del ángel. Al aproximarse las mujeres, el ángel habló: "Jesús no está aquí, ¡ha resucitado! Véanlo por ustedes mismas."

Ellas hicieron como lo decía el ángel, y vieron abandonadas en el nicho las telas que lo habían envuelto. Jesús no estaba. Cuando salieron, el ángel continuó: "Vayan a Galilea, allí lo verán resucitado."

María, llorosa, se volvió. A un hombre que estaba allí parado, que pensó era el jardinero, le preguntó quién era el culpable de robarse el cuerpo de Jesús. El hombre dijo: "María". Ella se secó las lágrimas, pues reconoció la voz. ¡Era Jesús, resucitado! Corrió para darle un gran abrazo, pero él le pidió que esperara, pues primero debía ir con su Padre en el Cielo.

Capítulo Veintinueve: Las Dudas de Tomás

"Pero Tomás, uno de los Doce, llamado el Gemelo, no estaba con ellos cuando Jesús se les apareció. Los otros discípulos le decían: '¡Hemos visto al Señor!' Tomás les contestaba: 'Hasta que no vea en sus manos las huellas de los clavos, y meta la mano en su costado, no creeré'." (Juan 20:24-25)

María volvió con los apóstoles, y los encontró escondidos en la habitación de una posada. Estaban muy asustados, porque los sacerdotes podrían estarlos buscando. María les dijo que el ángel de Dios se les apareció, que habían visto a Jesús, y que la tumba estaba vacía. Ahora, deberían regresar todos a Galilea, porque allí verían a Jesús. Sin embargo, los apóstoles no le creyeron.

Al día siguiente, dos de los discípulos de Jesús iban de camino de Jerusalén, a un pueblo llamado Emaús. Comentaban entre ellos lo terrible de los acontecimientos de los días pasados. De pronto, un hombre les salió al paso a preguntarles por qué estaban tan tristes. Ellos dijeron: "¿Cómo es que no te has enterado de lo que ha pasado en Jerusalén?" Y le contaron sobre Jesús, la crucifixión, y lo que María les dijo sobre la tumba vacía y Cristo resucitado.

Entonces, mientras caminaban, el extraño les contó sobre las antiguas profecías del Mesías, y ellos pensaron que, sin duda, el hombre era muy sabio, así que lo invitaron a cenar con ellos. Él estuvo de acuerdo; en la cena, al partir él el pan, se les abrieron los ojos, ¡y se dieron cuenta que era Jesús! De inmediato, Jesús desapareció.

Al siguiente día, cuando los discípulos aún se escondían, Jesús se apareció frente a ellos. "La paz sea con ustedes", dijo, mostrándoles los agujeros en sus manos, y la herida en el costado. Luego, preguntó: "¿Tienen algo de comer?". Ellos le pasaron un pescado asado a la parrilla, y un trozo de panal chorreante de miel. Jesús, después de comer, les dijo que pronto recibirían al Espíritu Santo: cuando vieran las lenguas de fuego, debían inhalar con fuerza.

Cuando Jesús se fue, Tomás, que no estaba presente, llegó. Todos, muy emocionados, le contaron lo que acaba de pasar. Tomás no les creyó, y dijo: "Solo creeré cuando lo vea con mis propios ojos."

Ocho días después, por fin estuvieron todos juntos. Esperaban a que las cosas se calmaran, para volver a Galilea. Jesús se apareció de nuevo, y, esta vez, enfocó su atención en Tomás. Lo hizo meter los dedos en las llagas de sus manos, y la mano en el costado. Tomás, cayendo de rodillas, quedó convencido finalmente, diciendo: "¡Mi Señor y Dios!"

Asegurándose de que todos podían escucharlo, Jesús lo miró, y declaró: "Tomás, tú crees porque me has visto, pero dichosos aquellos que creerán sin haberme visto."

¡Jesús hablaba de ti, y de mí!

Todos los apóstoles regresaron a sus casas en Galilea. Jesús continuó apareciéndose para enseñarles las cosas que necesitaban saber. En una ocasión, todos los apóstoles fueron al mar de Tiberíades, el nombre que los romanos le daban al Mar de Galilea. Habían pescado toda la noche, sin mucho éxito.

Al amanecer, Jesús en la orilla les preguntó de nuevo si tenían algo de comer. Como ellos dijerón que no, Él les dijo: "Echen de nuevo las redes." ¡Apenas si pudieron sacarlas! Estaban tan llenas de peces, que se habían vuelto pesadísimas. Al volver a la orilla, prepararon una fogata, y elaboraron un delicioso desayuno de pan y pescado frito.

Las escrituras nos dan un vistazo sobre cómo viviremos en el futuro. Nuestros cuerpos serán eternos, como el de Jesús; estaremos con nuestros amigos y familia. Podremos comer y beber mientras disfrutamos de la compañía de los seres queridos. No estaremos flotando en las nubes... ¡Disfrutaremos de la tierra convertida en Paraíso!

Capítulo Treinta: La Ascensión

"Dichas estas cosas, subió a los cielos. Mientras aún miraban hacia arriba, dos hombres de blanco se les acercaron. 'Hombres de Galilea, ¿por qué miran al cielo? Jesús volverá de la misma manera en que lo han visto irse.'." (Hechos 1:9-11)

Durante cuarenta días, Jesús enseñó a sus apóstoles todo lo necesario para que continuaran con su misión en la tierra. También se apareció, con

Pedro y Santiago, frente a una multitud de quinientos seguidores.

Pero Jesús sabía que era hora de irse. Les dijo a sus apóstoles que regresaran a Jerusalén, y fueran a lo más alto del Monte de los Olivos.

Allí, Jesús les dijo que era hora de su partida. Estaban todos, menos Judas Iscariote; les encomendó su última misión especial:

"Recibirán la fuerza del Espíritu Santo cuando venga sobre ustedes, y serán mis testigos en Jerusalén, en toda Judea, en Samaria y hasta los extremos de la tierra." (Hechos 1:8)

"Vayan, pues, y hagan que todos los pueblos sean mis discípulos. Bautícenlos en el Nombre del Padre, del Hijo, y del Espíritu Santo, y enséñenles a cumplir todo lo que yo les he encomendado a ustedes. Yo estoy con ustedes todos los días hasta el fin de la historia." (Mateo 28:19-20).

Después de que Jesús les enseñó todo sobre el Espíritu Santo, él prometió: "Estaré con ustedes hasta el fin del mundo." Luego, les pidió que lo acompañaran al camino de Betania.

Jesús les dijo que estuvieran preparados para el fin de los tiempos, ya que la hora y el día, solo Dios la conocía. Mientras tanto, debían regresar a Jerusalén para la venida del Espíritu Santo. Ellos serían "sus testigos en Judea, Samaria, y todos los rincones del mundo. Los apóstoles aún no comprendían que no sólo debían hacerlo con los judíos, sino con todas las personas del mundo.

Cuando terminó de decirles todas estas cosas, Jesús se elevó al cielo y desapareció. Sus apóstoles, maravillados, contemplaron el punto por dónde Él había desaparecido. Al mirar hacia abajo, se toparon con dos ángeles, que les dijeron: "Él volverá de la misma forma que lo han visto marcharse."

Los apóstoles regresaron a Betania, y de allí a la habitación. Esperaron, fieles la venida del Espíritu Santo que Jesús les prometiera.

Esto completó el ministerio de Jesús sobre la tierra. Los cuatro evangelios no contienen todas las maravillas que Jesús realizó: ni siquiera todos los libros del mundo podrían contarlo, pues serían demasiadas. Pero los evangelios fueron suficientes para que las personas supieran que Jesús era el Cristo, el Hijo de Dios que daría vida eterna a quien creyera en Él.

Capítulo Treinta y Uno: El Espíritu Santo

"Cuando llegó el día de Pentecostés, se encontraban reunidos. Y, de pronto, vino del cielo un ruido como de un viento violento, y llenó toda la casa. Y aparecieron lenguas de fuego sobre sus cabezas. Y quedaron llenos del Espíritu Santo, y comenzaron a hablar en lenguas, según el Espíritu les concedía que se expresasen." (Hechos 2:1-4)9

Esa semana, era una semana especial. Se celebraba otra de las festividades judías especiales, donde todos acudían al templo, llamada Pentecostés, o el Banquete de las Primeras Frutas. Se celebraba cincuenta días después de Pascua, durante los días de los primeros cultivos maduros. Desde que Jesús fue el Cordero, ellos celebrarían los Primeros Frutos del Espíritu Santo.

Los apóstoles se quedaron en la misma habitación donde se les había aparecido Jesús. María fue a visitarlos, y comentaron sobre todos los acontecimientos pasados con Jesús.

Los apóstoles, durante su estadía en Jerusalén, decidieron que necesitaban un nuevo compañero para llenar la posición de Judas como uno de los líderes del grupo de los Doce. Judas se suicidó lanzándose sobre una espada, pues quedó devastado al darse cuenta de que había, en verdad, traicionado a su Maestro; fue enterrado en un cementerio pagado por las mismas 30 monedas que obtuvo por traicionar a Jesús.

Los apóstoles, de entre todos los fieles más devotos, escogieron a dos de los más comprometidos: Matías y José. La muchedumbre votó, y Matías se volvió el nuevo apóstol.

La ciudad de Jerusalén estaba repleta de gente que venía por Pentecostés, y no cabía ni un alfiler más en los patios exteriores; los apóstoles iban todos juntos para honrar los ritos de acuerdo a la ley de Moisés. En cuanto encontraron lugar, se sentaron en un círculo al suelo. Vino entonces un sonido de vendaval y unas doce lenguas como de fuego aparecieron encima de las cabezas de los apóstoles.

Ellos supieron que era el signo de Dios sobre el que Jesús les hablara. Ellos tomaron un hondo aliento, y comenzaron a hablar en otros idiomas. Unos hablaban las lenguas terrenales, otros las de los ángeles; los lenguajes iban cambiando, y entonces todos los visitantes pudieron escuchar a los doce apóstoles alabando a Dios en sus propias lenguas.

Habían partos, medos, persas, egipcios, libios, cretenses, árabes y muchos otros más; todos ellos escucharon, en su propio lenguaje, de la boca de los galileos, las maravillas de Dios. ¡Fue increíble!

Algunos dijeron que los apóstoles estaban borrachos. Pedro, al escucharlos, se levantó y proclamó con voz potente: "Hombres de Jerusalén, Judea y todo el mundo, ¡no se sorprendan! Apenas es mediodía, no podemos estar borrachos. Esto es lo que se había profetizado cientos de años atrás por el profeta Joel; ¡Dios derramará su Espíritu Santo sobre aquel que crea en su Hijo, el Salvador Resucitado!

Capítulo Treinta y Dos: Nuevos Reclutas

"Pedro siguió insistiendo con más argumentos. Los exhortaba diciendo: 'Aléjense de esta generación perversa, y sálvense.' Los que acogieron la palabra de Pedro se bautizaron, y aquel día se unieron a ellos unas tres mil personas. Eran asiduos a la enseñanza de los apóstoles, a la convivencia fraternal, a la fracción del pan y a las oraciones." (Hechos 2:40-42)

En el día de Pentecostés, Pedro, sacudiendo el puño a las masas que habían pedido la muerte de Jesús, enseñó a todos sobre la salvación, Jesucristo, y su ministerio en la tierra; Jesús era ahora el Señor del universo entero, el Cristo y el Mesías que todos habían estado esperando.

Pedro les dijo que el rey David también había profetizado sobre Jesús; escribió que creía en el

Mesías, y que, a pesar de que moriría, esperaba su llegada, y que deseaba ser resucitado por Él. Y que este Jesús, asesinado por los judíos, había resucitado como el Salvador, Señor y Cristo.

"Israelitas, escuchen mis palabras: Dios acreditó entre ustedes a Jesús de Nazareth. Hizo que realizara entre ustedes milagros, prodigios y señales que ya conoce. Ustedes, sin embargo, lo entregaron a los paganos para ser crucificado y morir en la cruz, y con esto se cumplió el plan que Dios tenía dispuesto. Pero Dios lo libró de las ataduras de la muerte y lo resucitó, pues no era posible que quedase bajo el poder de la muerte. Escuchen lo que David decía a su respecto:

'VEO CONSTANTEMENTE AL SEÑOR DELANTE DE MÍ; ESTÁ A MI DERECHA PARA QUE NO VACILE. POR ESO SE ALEGRA MI CORAZÓN Y TE ALABO MUY GOZOSO, Y HASTA MI CUERPO ESPERARÁ EN PAZ. PORQUE NO ME ABANDONARÁS EN EL LUGAR DE LOS MUERTOS, NI PERMITIRÁS QUE TU SANTO EXPERIMENTE LA

CORRUPCIÓN. ME HAS DADO A CONOCER LOS CAMINOS DE LA VIDA, ME COLMARÁS DE GOZO CON TU PRESENCIA.'

Hermanos, no voy a demostrarles que el patriarca David murió y fue sepultado: su tumba se encuentra entre nosotros hasta el día de hoy. David era profeta y Dios le había JURADO QUE UNO DE SUS DESCENDIENTES SE SENTARÍA SOBRE SU TRONO. Por eso vio de antemano y se refirió a la resurrección del Mesías con estas palabras: 'NO SERÁ ABANDONADO EN EL LUGAR DE LOS MUERTOS, NI SU CUERPO EXPERIMENTARÁ LA CORRUPCIÓN.' Es un hecho que Dios resucitó a Jesús; de esto todos nosotros somos testigos. Después de haber sido exaltado a la derecha de Dios, ha recibido del Padre el don que había prometido, me refiero al Espíritu Santo que acaba de derramar sobre nosotros, como ustedes están viendo y oyendo." (Hechos 2:22-33)

Tres mil personas de la audiencia creyeron en las palabras de Pedro, y fue así como la Iglesia comenzó. Los apóstoles dividieron a todos en grupo y, repartiéndose los apóstoles veteranos que habían conocido a Jesús, compartían las comidas con los creyentes para enseñarles acerca de todas las cosas que Jesús había enseñado y obrado a lo largo de su ministerio.

Los cristianos siguieron creciendo, pasando el mensaje de casa en casa. Muchos donaron a la Iglesia sus bienes, así las carencias de los nuevos creyentes podrían ser suplidas. El mensaje de Jesucristo se esparció por toda Judea, Galilea, Samaria, y los países circundantes.

Un día, Pedro y Juan fueron al templo a orar, y conocieron, cerca de la Puerta Hermosa, una de las puertas de las murallas del templo, a un mendigo que pedía unos centavos para comer. Los apóstoles se le acercaron a hablarle de Dios, Jesús, y dijeron por fin: "En el nombre de Jesucristo Nazareno, levántate y camina."

Mientras ayudaban al hombre a levantarse, las piernas de él sanaron; después de abrazar a

Pedro y a Juan, el hombre salió corriendo en dirección al interior del templo, bendiciendo a Dios. Pedro preguntó a la impresionada multitud: "¿De qué se admiran? Para el Dios de Abraham e Isaac no hay imposibles, así que lo ha curado. Jesús, el hombre que ustedes asesinaron, murió por los pecados de todos ustedes. Arrepiéntanse, vuelvan a Dios." Por este discurso, más personas renunciaron al pecado, uniéndose a la causa de los apóstoles.

En la Iglesia Cristiana de los primeros tiempos, no todo era alegría y felicidad. Tras bastidores, muchas personas tramaban su caída. Ananías y su esposa Safira, por ejemplo, vendieron un terreno de su propiedad para donar a la Iglesia. Sin embargo, se guardaron parte del dinero para ellos. Al enterarse los apóstoles, los llamaron mentirosos: no porque se hubieran quedado con el dinero, sino porque presumían de su caridad ante todos en la Iglesia. Ananías se quedó tan avergonzado ante la acusación, que abandonó la Iglesia, y murió allí mismo en el umbral.

Los apóstoles se metieron en muchos problemas con los fariseos y sacerdotes, los mismos responsables de la crucifixión de Jesús; los apóstoles fueron arrojados a la cárcel, pero un ángel vino y les abrió la puerta para que salieran. A la mañana siguiente, ante las narices de los sacerdotes, ellos volvieron a predicar a todo pulmón.

Los sacerdotes, furiosos, dijeron a los apóstoles: "Su doctrina invade toda Jerusalén, ¿y ahora intentan culparnos de la muerte del nazareno?

Pedro, molesto, contestó en nombre del grupo: "Creemos en Dios, antes que en el hombre. ¡Y ustedes lo crucificaron en una cruz! Pero Dios lo resucitó para el perdón de los pecados, envió al Espíritu Santo, y nosotros somos testigos de que estas cosas son verdad."

Uno de los fariseos más sabios, Gamaliel, se llevó aparte a sus compañeros, y les dijo: "Déjenlos en paz. Si es un truco, o mentira, caerán por sí solos. Pero si en verdad están con Dios, y vienen de Él, no podremos hacer nada para detenerlos." Después de golpear a los apóstoles, y prohibirles que volvieran a predicar en nombre de Jesús, los dejaron ir. Pero a los apóstoles, nadie podía detenerlos. Siguieron predicando y visitando en sus casas a sus seguidores.

La expansión más grande de la Iglesia Cristiana, es atribuida al apóstol Pedro. El discípulo Felipe el Evangelista predicaba en Samaria. Aunque la gente lo escuchaba y creía en él, nadie renacía en el Espíritu Santo. Felipe estaba intrigado, y las pesquisas pronto lo llevaron a la respuesta: un brujo llamado Simón había hechizado a la gente para que no se convirtiera al cristianismo. Felipe fue capaz de exorcizar a Simón, y lo convirtió. Muchos se bautizaron. Pedro y Juan, al haber escuchado del problema, se acercaron a Samaria. Allí, impusieron la manos, y el Espíritu Santo bajó sobre todos ellos.

El apóstol Pedro fue a Cesárea, a casa de un gentil, para enseñarle sobre la Verdad. Pedro, en realidad, no estaba muy convencido, pues todavía no aceptaba del todo la idea de evangelizar a los no judíos. Entonces Jesús, en su sueño de esa noche, le mostró una imagen: una red de pesca, que había atrapado en su interior a todo tipo de peces, incluyendo a los considerados impuros por los judíos; Jesús le dijo que lo que

Dios limpiaba, quedaba limpio, y no importaba lo demás. Así que Pedro fue de buen grado a la casa de Cornelio, el soldado romano. Cornelio y toda su familia escucharon a Pedro; el Espíritu Santo bajó sobre ellos, y comenzaron a hablar en lenguas. Pedro quedó conmovido al ver que Dios amaba también a los gentiles, y que los incluiría en su rebaño al enviarles el Espíritu Santo.

Los otros apóstoles no creyeron lo que Pedro les contó después, pues iba en contra de todo lo enseñado por Moisés. Pero Pedro los convenció con una frase certera: "¿Quiénes somos para oponernos a Dios?" Sintiéndose muy felices, los apóstoles glorificaron a Dios y su generosidad infinita hacia todos sus hijos.

Como ahora la iglesia se expandía a los gentiles, el rey Herodes ordenó su persecución; al apresarlo, mató a Santiago, el hermano de Juan. A Pedro lo arrestaron, encadenándolo en una celda a otros dos hombres. Sin embargo, un ángel vino a liberarlo: aunque era custodiado por dieciséis soldados, el ángel entró, lo liberó de sus cadenas, y pedro salió caminando por su propio pie.

Pedro y los otros apóstoles continuaron siempre fieles a su tarea; de sinagoga en sinagoga, de casa en casa, predicaban la palabra de Dios. Muchos milagros se realizaban a plena luz del día, ¡y muchos más estaban por venir!

Capítulo Treinta y Tres: La Conversión de Saulo

"Salió Ananías, entró en la casa y le impuso las manos diciendo: 'Hermano Saulo, el Señor Jesús, el que se te apareció en el camino por donde venías, me ha enviado para que recobres la vista y quedes lleno del Espíritu Santo.'

Al instante se le cayeron de los ojos una especie de escamas y recobró la vista. Se levantó y fue bautizado;" (Hechos de los Apóstoles 9: 17-18)

Un día, los sacerdotes capturaron a un apóstol llamado Esteban, y lo llevaron a la misma sala de juicio donde Jesús había sido acusado de blasfemia. Esteban, nada temeroso, les dio un discurso sobre las antiguas profecías, de cómo los judíos cerraban sus corazones a Aquel Rey a quien Abraham e Isaac esperaron con ansias, y del pecado tan grande que cometían al negarse a

Dios. Finalmente, muy enojado, Esteban les gritó a los sacerdotes:

"Ustedes son un pueblo de cabeza dura, y la circuncisión no les abrió el corazón ni los oídos. Ustedes siempre resisten al Espíritu Santo, al igual que sus padres. ¿Hubo algún profeta que sus padres no hayan perseguido? Ellos mataron a los que anunciaban la venida del Justo, y ustedes ahora lo han entregado y asesinado; ustedes, que recibieron la Ley por medio de ángeles, pero que no la han cumplido.;" (Hechos de los Apóstoles 7: 51-53)

Y concluyó: "Y ahora, ustedes han rechazado y asesinado al hijo de Dios." Les contó su visión: Jesús, en el Cielo, se sentaba a la derecha del Padre. Aquella fue la gota que derramó el vaso. Los egoístas, ambiciosos, desconsiderados y malos sacerdotes decidieron que no podían dejar ir a Esteban, por lo que acababa de decir.

Los sacerdotes llevaron fuera a Esteban, a las murallas de la ciudad. Se quitaron las pesadas capas, y las depositaron frente a los jóvenes. Allí, apedrearon al apóstol hasta la muerte. Esteban rezó, justo antes de exhalar por última vez: "Señor, no les tomes en cuenta este pecado."

Entre la multitud que se había juntado para ver lo sucedido, estaba un joven, que cuidaba las capas de los sacerdotes. Su nombre era Saulo: él no había querido apedrear a Esteban, pero se preguntaba sobre las razones de Esteban para enfurecer a los sacerdotes.

Como los apóstoles estaban haciendo un excelente trabajo para enseñar la palabra de Jesús, llegaban a oídos de todos los sacerdotes de Israel. Y pronto, también, llegó a oídos de los romanos que los que se hacían llamar "cristianos"; porque Cristo estaba con ellos, tenían cada vez más seguidores, y eran tantos ahora, que podrían desafiar su autoridad si querían.

Los sacerdotes del templo estaban especialmente asustados. Saulo, el muchacho del que te he hablado, había sido criado en las sinagogas de los judíos, y era un experto sobre las antiguas escrituras, la Torá.

Saulo fue nombrado, por el templo y el gobierno romano, como el agente de la policía secreta que espiaría a las reuniones cristianas ilegales, e iría con los soldados para arrestarlos a todos: hombres, mujeres y niños.

Saulo estaba muy comprometido con su trabajo asignado, pues pensaba que hacía bien, y que estos cristianos que aterrorizaban a todos debían recibir su merecido. Los cristianos huyeron a otros países, lo que solo contribuyó a que la palabra de Jesús se esparciera por esos lugares; pronto ya había cristianos por todo el Mediterráneo.

Saulo les pidió a los sacerdotes que escribieran una carta de presentación para él y el gobierno de Siria. La carta pediría su ayuda gubernamental para aprehender a todos los cristianos que se encontraran viviendo en Siria, y para traerlos de regreso a Israel.

Entonces, ya con la carta en mano, se dirigió con sus soldados a toda velocidad a Damasco, la capital de Siria. Saulo iba azuzando a su caballo, entre más rápido cumpliera su tarea, mejor. De pronto, una voz profunda desde el cielo le habló: "Saulo, Saulo, ¿por qué me persigues?" El caballo se encabritó, paró de golpe, y arrojó a Saulo a la tierra. Él, adolorido, preguntó a la voz: "¿Quién eres?". La voz le contestó que era Jesús.

Saulo continuó: "¿Qué debo hacer?

Jesús le dijo que siguiera hasta Damasco, y que esperara allí. Cuando Saulo intentó levantarse, se dio cuenta que... ¡se había quedado ciego! Los soldados lo ayudaron a levantarse, y en Damasco le consiguieron una posada.

Luego, Jesús se le apareció a un discípulo, Ananías, y le pidió que fuera a encontrar en la posada, a un hombre llamado Saulo, para bautizarlo. Ananías protestó, pues conocía a

Saulo y sus acciones pasadas; tenía miedo. Jesús le aseguró que no debía preocuparse. Saulo sería el recipiente elegido por Él para llevar la Palabra a los gentiles. Ananías entonces, estuvo de acuerdo, e hizo lo que Jesús deseaba; en la calle llamada Derecha, en la posada que Judá administraba, encontró a Saulo.

Ananías atestiguó a Saulo sobre Jesucristo, su ministerio en la tierra, los Milagros, y las profecías que hablaban sobre un Mesías. Como Saulo conocía las escrituras, comprendió que Jesús era el Mesías. Ananías le impuso las manos, y Saulo recuperó la vista; fue bautizado y recibió el Espíritu Santo.

Saulo, en su regreso a Jerusalén, se reunió con los apóstoles. La gente aún le tenía miedo, y dudaban de su conversión; seguro era una trampa para arrestarlos a todos. Los apóstoles mandaron a Saulo a Tarso, una ciudad en Turquía, para que evangelizara sobre Jesús a los judíos que residían allí.

Los años pasaron, y las personas olvidaron el pasado de Saulo. Él se cambió el nombre a Pablo. Y el apóstol Pablo se convertiría en uno de los más influyentes e importantes de la primera Iglesia Cristiana. Las cartas de

Pablo pasaron a formar parte del Nuevo Testamento.

Pablo predicó por todo el Mediterráneo Este, en Antioquía de Siria, Chipre y Galacia.

Cuando Pablo estuvo en Galacia, fue llamado por Pedro para que regresara a Jerusalén. Los cristianos aún tenían problemas con que los gentiles entraran a la Iglesia, y que la palabra de Dios no estuviera reservada para los judíos. Los sacerdotes convertidos eran los que más tenían problemas para aceptar esto. En la reunión de aquel día, Pedro les contó sobre las maravillas que se habían efectuado entre los gentiles; Santiago, el hermano de Jesús, dijo que, para calmar los ánimos, les enseñarían cuáles prácticas comunes para ellos, estaban prohibidas para los judíos, y que estuvieran felices de los gentiles unidos al Reino de Dios.

Pablo continuó enseñando en Tesalónica y Corinto, en la zona de lo que hoy es Turquía. Después en Atenas, Grecia. Pablo escribía, inspirado por el Espíritu Santo, cartas durante sus viajes, y las dirigía a las Iglesias de Asia Menor de los lugares que visitaba. Como ya hemos mencionado ,estas se convertirían en parte del Nuevo Testamento. Pablo tenía un amigo, Timoteo, un discípulo con el que había viajado a lo largo de muchos años. Timoteo conocía el idioma griego, y entonces traducía las cartas del hebreo al griego, sus cartas.

Pablo fue arrestado, amenazado y apedreado en muchas ocasiones, pero siempre confió en Dios. Eventualmente, fue encarcelado por muchos años. Después, rentó una casa en Roma. Fue en esa época que, con ayuda de su buen amigo Timoteo, tradujo al griego los Evangelios escritos por los apóstoles. Así, los gentiles también podrían leerlos.

Pablo hizo su labor hasta que fue muy viejo; atestiguó en primera fila la expansión de la Iglesia Cristiana. Las cartas que Pablo escribía a Timoteo, estaban llenas de los secretos de Dios y de Cristo; Pablo confiaba mucho en Timoteo, y sabía que entendería todas sus palabras. En su última carta a Timoteo, antes de morir, escribió que esperaba en Cristo la Resurrección y la Vida Eterna:

"Te ruego delante de Dios y de Cristo Jesús, juez de vivos y muertos, que ha de venir y reinar, y te digo: predica la Palabra, insiste a tiempo y a destiempo, rebatiendo, reprendiendo o aconsejando, siempre con paciencia y dejando una enseñanza. Pues llegará un tiempo en que los hombres ya no soportarán la sana doctrina, sino que se buscarán maestros según sus inclinaciones, hábiles en captar su atención; cerrarán los oídos a la verdad y se volverán hacia puros cuentos.

Por eso debes estar siempre alerta. Supera las dificultades, dedícate a tu trabajo de evangelizador, cumple bien tu ministerio. En cuanto a mí, estoy a punto de sacrificar mi vida y se acerca el momento de mi partida. He combatido el buen combate, he terminado mi carrera, he guardado lo que me confiaron. Sólo me queda recibir la corona de toda vida santa con la que me premiará aquel día el Señor, juez justo; y conmigo la recibirán todos los que anhelaron su venida gloriosa." (Segunda carta a Timoteo 4: 1-8)

Capítulo Treinta y Cuatro:
Volveré a Ustedes

"Voy a llegar pronto, y llevo conmigo el salario para dar a cada uno conforme a su trabajo. Yo soy el Alfa y el Omega, el Primero y el Último, El Principio y el Fin." (Apocalipsis 22:12-13)

Cuando Cristo ascendió al cielo, él prometió que regresaría algún día como el Señor de Señores, como el Rey de Reyes. Muchas personas creyeron en Él, pero, eventualmente, murieron por sus cuerpos mortales. Sin embargo, sabían que él volvería, y los resucitaría de entre los muertos.

Jesucristo todavía no ha vuelto, pero lo hará. Su regreso se dividirá en dos partes: primero, él aparecerá en el cielo para llevarse al Paraíso a todos aquellos que creyeron en Su Palabra, o que renacieron en el Espíritu Santo. Las trompetas sonarán desde el cielo, y con el último llamado, todos aquellos que murieron en sus cuerpos mortales, obtendrán uno inmortal. Aquellos que sigan vivos, tendrán también un cuerpo inmortal. Todos nos elevaremos para encontrarnos con Jesús, e iremos al Cielo para estar con Él por toda la eternidad.

En el Cielo, cada uno de nosotros pasaremos frente a la silla bima de Cristo. No es para juzgarnos, pues la silla bima viene de los griegos, la usaban en sus juegos Olímpicos: era el podio de los premios. Cristo, personalmente, nos premiará que hemos ofrecido nuestras vidas a Él, y nos coronará con oro y piedras preciosas. En el Cielo, nos encontraremos con nuestros amigos y familiares, haremos nuevos amigos, y pasaremos la eternidad juntos.

Cuando los cristianos abandonen el mundo, sobrevendrá un tiempo para los que queden. Al Demonio se le concederá el poder absoluto sobre la tierra por siete años. Sucederán terribles desastres naturales. Dios quiere que más nuevos cristianos acepten Su Palabra durante este tiempo, para que un mayor número de personas se salven en el amor de su Hijo. Será terrible que vivan tiempos tan oscuros, pero Dios promete que también vivirán en Cristo.

Cuando pasen los siete años, Cristo y todos sus seguidores bajarán a la tierra, unificados en un solo ejército poderoso, y derrotarán a los que no se conviertan, y a los demonios. El diablo será encadenado por más de mil años. Los nuevos cristianos serán también inmortales, y vivirán juntos mil años en la Tierra con Jesús. La tierra será reconstruida como el Nuevo Jardín del Edén.

Dios, en su infinita misericordia, daría una oportunidad más a Lucifer para que se redima. Sin embargo, el Diablo es malo, y jamás lo hará; entonces, él será arrojado al eterno lago de fuego para ser castigado para siempre.

Dios resucitará al resto de las personas, y los juzgará según sus acciones en vida. Él dará la vida eterna a aquellos que no hayan seguido a

Cristo, pero que, a lo largo de su vida terrenal, fueron honestos e hicieron lo mejor para sus familias. Los que han sido malos, desaparecerán para siempre.

Este es el futuro que Dios promete para la Eternidad:

"Y vi un cielo nuevo y una tierra nueva, pues el primer cielo y la primera tierra habían desaparecido y el mar no existe ya. Y vi a la Ciudad Santa, que bajaba del cielo, de junto a Dios, engalanada como una novia que se adorna para recibir a su esposo. Y oí una voz que clamaba desde el trono: 'Esta es la morada de Dios con los hombres; Él habitará en medio de ellos; ellos será su pueblo y Él será Dios-con-ellos; Él enjugará las lágrimas de sus ojos. Ya no habrá muerte ni lamento, ni llanto ni pena, pues todo lo anterior ha pasado.' Y el que estaba sentado en el trono dijo: 'Ahora todo lo hago nuevo.' Luego me dijo: 'Escribe, que estas palabras son ciertas y verdaderas.' Y añadió: 'Ya está hecho. Yo soy el Alfa y el Omega, el Principio y el Fin. Al que tenga sed yo le daré de beber del manantial del agua de la vida. Esa será la herencia del vencedor: yo seré Dios para él y él será un hijo para mí.

Después el ángel me mostró el río de agua de la vida, transparente como el cristal, que brotaba del trono de Dios y del Cordero. En medio de la ciudad, a uno y otro lado del río, hay árboles de la vida, que dan fruto doce veces, una vez cada mes, y sus hojas sirven de medicina para las naciones. No habrá ya maldición alguna; el trono de Dios y del Cordero estará en la ciudad, y sus servidores le rendirán culto. Verán su rostro y llevarán su nombre en la frente. Ya no habrá noche. No necesitarán luz de lámpara ni de sol, porque Dios mismo será su luz, y reinarán por los siglos para siempre." (Apocalipsis 21:1-7 and 22:1-5).

Jesucristo reinará en esta Nueva Jerusalén por siempre, como el Rey de Reyes, y el Señor de Señores. Y nosotros estaremos a su lado por la Eternidad.

Conclusión

Gracias por haber llegado hasta el final de Libro de Historias de la Biblia para los Pequeños. Espero que la lectura haya sido muy edificante, y que te provea de las herramientas necesarias para alcanzar tus metas, cualesquiera que sean.

Mis pequeños niños, donde quiera que estén: Dios está con ustedes. Aunque no puedan verlo, o tocarlo con sus manos, Él está presente en la alegría y bondad de sus vidas. Pueden charlar con Dios con solo pensarlo, no necesitan hablarle a viva voz. A Él le gustará si le hablan sobre la majestad de las estrellas, sobre la luz y consuelo que traen el sol y la noche, sobre lo ágiles que son los pájaros, o la belleza de las flores; lo refrescante que resulta el agua fría, o lo amistosos que son tus amigos animales. Quiero que sepas que Dios te escucha; cuando te diviertes, cuando disfrutas una rica comida que él proveyó, cuando te sientes muy bien al ser considerado y amable con tu prójimo. Ojalá que tus oraciones, la gratitud por las bendiciones que recibes cada día, te ayuden siempre a que entiendas, y sientas contigo a tu lado, a Dios.

Por último, que este libro te lleve a un conocimiento más profundo de Dios y su Hijo, Jesucristo, para que creas, y reconozcas a Cristo como tu Salvador personal; que el Espíritu Santo te conforte y llene con la promesa de la vida eterna.

"MUY CERCA DE TI ESTÁ LA PALABRA, YA ESTÁ EN TUS LABIOS, Y EN TU CORAZÓN" Ahí tienen nuestro mensaje, y es la fe. Porque te salvarás si confiesas con tu boca que Jesús es el Señor y crees en tu corazón que Dios lo resucitó de entre los muertos. La fe del corazón te procura la justicia, y tu boca lo proclama, te consigue la salvación." (Romanos 10:8-10)

Si tienes alguna pregunta acerca de lo que has leído, ¡pregunta a tus padres o tutor! Estoy segura que estarán felices de que quieras hablarlo con ellos.

Alaba a Dios y a su hijo, Jesucristo, Señor de Señores, Rey de Reyes.

¡Que así sea!

www.ingramcontent.com/pod-product-compliance
Lightning Source LLC
La Vergne TN
LVHW021249210726
843527LV00004B/229